100
COISAS QUE PESSOAS PRODUTIVAS FAZEM

Nigel Cumberland

100
COISAS QUE PESSOAS PRODUTIVAS FAZEM

Tradução
Ivar Panazzolo Junior

astral
cultural

Copyright © 2022, Nigel Cumberland
Título original: 100 things productive people do
Publicado originalmente em inglês por Nicholas Brealey Publishing
Tradução para Língua Portuguesa © 2023, Ivar Panazzolo Junior
Todos os direitos reservados à Astral Cultural e protegidos pela Lei 9.610, de 19.2.1998. É proibida a reprodução total ou parcial sem a expressa anuência da editora. Este livro foi revisado segundo o Novo Acordo Ortográfico da Língua Portuguesa.

Editora Natália Ortega
Editora de arte Tâmizi Ribeiro
Produção editorial Ana Laura Padovan, Brendha Rodrigues, Esther Ferreira e Felix Arantes
Preparação João Rodrigues
Revisão Letícia Nakamura e Luisa Souza
Capa Aline Santos
Foto do autor Arquivo pessoal

Dados Internacionais de Catalogação na Publicação (CIP)
Angélica Ilacqua CRB-8/7057

C975c
    Cumberland, Nigel
       100 coisas que pessoas produtivas fazem / Nigel Cumberland ; tradução de Ivar Panazzolo Junior. — Bauru, SP : Astral Cultural, 2023.
       272 p.

    Bibliografia
    ISBN 978-65-5566-332-7
    Título original: 100 things productive people do: little lessons in getting things done

    1. Autoajuda 2. Negócios I. Título II. Panazzolo Junior, Ivar

23-1422   CDD 158.1

Índices para catálogo sistemático:
1. Autoajuda

BAURU
Rua Joaquim Anacleto
Bueno, 1-42
Jardim Contorno
CEP 17047-281
Telefone: (14) 3879-3877

SÃO PAULO
Rua Augusta, 101
Sala 1812, 18º andar
Consolação
CEP 01305-000
Telefone: (11) 3048-2900

E-mail: contato@astralcultural.com.br

Este livro é dedicado ao meu filho, Zeb,
à minha enteada, Yasmine, e a todos aqueles
que desejam ser altamente produtivos e bem-sucedidos
em todos os aspectos de suas vidas e carreiras.

"Os mais sagazes são aqueles que passam o tempo aprendendo, implementando e se beneficiando de todas as ferramentas de produtividade que encontram."

SUMÁRIO

1. Entenda sua necessidade de ser produtivo 17
2. Saiba o que precisa ser feito 20
3. Trabalhe em períodos curtos e intensos 22
4. Seja saudável e siga produtivo 24
5. Diga "não" 27
6. Aprenda a priorizar 29
7. Saiba quando é hora de desligar 31
8. Elimine o trivial 33
9. Saiba se você é uma pessoa diurna ou noturna 36
10. Divida o fardo 38
11. Saiba usar a tecnologia 41
12. Faça o que você ama 43
13. Não há problemas em ser imperfeito 45
14. Não procrastine 47
15. Salve seu rascunho e espere o dia seguinte 49
16. Mantenha seu espaço de trabalho organizado 51
17. Aprenda com as adversidades 53
18. Faça bom uso de cada dia 56
19. Gerencie seus e-mails 59
20. Comece pela tarefa mais difícil 61
21. Virar ou não virar a noite trabalhando 63
22. Faça reuniões eficientes 66
23. Aproveite seus pontos fortes 69
24. O poder da repetição e do ritual 71
25. Tenha um diário de produtividade 73
26. Termine o que você começa 75
27. Fazer ou não fazer várias coisas ao mesmo tempo? 78
28. Dê um tempo ao celular 81
29. Divida tarefas grandes em parcelas menores 83
30. Abrace a ergonomia 85
31. Pare de prometer coisas demais 87

32. Siga a regra das duas pizzas 89
33. Estabeleça metas SMART 92
34. Garanta que suas metas estejam de acordo com os métodos PURE e CLEAR 95
35. Nunca evite os trabalhos chatos 98
36. Trabalhe com a regra 80-20 101
37. Aprenda a se concentrar 103
38. Escute com atenção 105
39. Encontre tempo para você 107
40. Pratique, pratique, pratique 109
41. Faça planos para o caso de tudo dar errado 112
42. Busque feedback regularmente 115
43. Pare de querer agradar todo mundo 118
44. Acorde cedo 120
45. Suposições podem ser perigosas 122
46. Elimine processos manuais 124
47. Reduza o tempo gasto em reuniões 126
48. Cuidado com o burnout 128
49. Elimine a sobrecarga mental 130
50. Seja produtivo com seu tempo livre 133
51. Repita seus sucessos 136
52. Saia da zona de conforto 138
53. Pare de atrapalhar seu próprio progresso 140
54. Crie o ambiente físico ideal 142
55. Identifique seus lapsos 144
56. Domine o trabalho híbrido 146
57. Procure um mentor 149
58. Confie nos outros 151
59. Domine sua memória 154
60. Alinhe seu trabalho com o da equipe 157
61. Levante-se enquanto estiver trabalhando 160
62. Saiba por que você está fazendo o que faz 163
63. Chega de fazer hora extra 165
64. Plante sementes 167
65. Se estiver em dúvida, comunique-se 169
66. Celebre seus sucessos 172
67. Domine o "trabalho profundo" 174
68. Mude o que precisa ser mudado 176

69.	Aceite o que não pode mudar	179
70.	Seja produtivo após reuniões	181
71.	Estique suas metas	183
72.	Torne o aprendizado uma prioridade	185
73.	Mantenha seu notebook organizado	187
74.	Certifique-se de que os outros são produtivos	189
75.	Evite passar tempo demais diante de telas	191
76.	Agrupe tarefas	194
77.	Contrate um assistente	196
78.	Visualize o que almeja	199
79.	Encontre sua motivação	201
80.	Registre seu progresso	203
81.	Tenha uma lista de coisas a não fazer	205
82.	Evite o vício em trabalho	207
83.	Conheça a própria capacidade	210
84.	Sempre faça as coisas certas do jeito certo	213
85.	Abrace a Inteligência Artificial	216
86.	Torne o trabalho divertido e agradável	218
87.	Use ferramentas e aplicativos on-line	220
88.	Encontre tempo	223
89.	Não deixe que os outros tomem seu tempo	226
90.	Trabalhe sozinho às vezes	228
91.	Não trapaceie	230
92.	Registre ideias inesperadas	232
93.	Escolha seus amigos com sabedoria	234
94.	Cuidado ao trabalhar em grupos	236
95.	Converse mais cara a cara	238
96.	Invista em você	241
97.	Seja franco em relação a seus objetivos	244
98.	Seja honesto consigo mesmo	246
99.	Seja uma referência em sua área	248
100.	Avalie seu progresso	250
	E finalmente	252
	Bibliografia	253

INTRODUÇÃO

Ser alguém realmente produtivo é algo que nunca acontece por acidente. Essa é sempre uma escolha consciente e bem planejada.

Está pronto para turbinar sua vida e carreira? Você escolheu o livro perfeito para servir como guia — para ajudá-lo a dominar os principais hábitos, habilidades e comportamentos que vão lhe dar as condições de ser produtivo em todos os aspectos da sua vida diária, incluindo seu trabalho. É fantástico que esteja aqui — e que queira se tornar mais produtivo em vários sentidos da vida. O mundo espera que você se transforme na pessoa mais produtiva que for capaz de ser, independentemente de estar:

- Começando em um emprego novo e sentindo-se sobrecarregado;
- Liderando uma equipe pela primeira vez e quer que eles superem as expectativas;
- Desejando administrar com sucesso seu tempo, capacidade de concentração e energia em seus estudos, seja no colégio ou na faculdade;
- Administrando suas tarefas e orçamento doméstico;
- Ajudando a gerir uma organização voluntária nos fins de semana.

Quando você pensa em ser produtivo, quem lhe vem à mente? Talvez empreendedores esforçados como Elon Musk e Jeff Bezos? Amigos que só trabalham três dias por semana e parecem conquistar várias coisas? Seu filho, que concluiu com sucesso um curso universitário on-line enquanto trabalhava em dois empregos? Ou seu chefe, que é muito eficiente e sempre sai do escritório todos os dias às 18h e nunca trabalha nos fins de semana?

Já orientei centenas de pessoas que trabalhavam em organizações tão diversas quanto a Organização das Nações Unidas, o Banco Mundial, bancos e empresas multinacionais, start-ups locais de tecnologia, governos, escolas e ONGs. Todos esses indivíduos queriam aprimorar aspectos de sua produtividade pessoal. Já ouvi praticamente todo tipo de relato acerca de desafios relacionados à produtividade e histórias de sucesso que se possa imaginar. Como resultado, este livro pode ajudá-lo, não importa o quanto você precise ou deseje ser mais produtivo.

A principal lição que absorvi é uma bem simples: uma quantidade enorme de pessoas não consegue aprimorar todos os aspectos de seu arsenal de ferramentas de produtividade, ficando com habilidades e pontos fortes subutilizados e apegadas às suas fraquezas e maus hábitos. Isso faz com que sejam muito menos produtivas do que gostariam de ser.

Mas, no seu caso, a situação é diferente. Trabalhar com este livro é a sua oportunidade de se sentar e pensar a respeito de si. Você vai poder se perguntar como gostaria de trabalhar de maneira mais inteligente para usar seu tempo e energia de modo mais produtivo — e superar quaisquer expectativas e metas que precise conquistar.

Trate o presente livro como um companheiro fiel. No decorrer de 100 breves capítulos, você irá aprender a identificar as peças que precisam ser encaixadas para criar uma vida produtiva. Vai explorar, por meio de tópicos, o que significa ser produtivo, incluindo:

- Bom gerenciamento de tempo;
- Priorizar de forma satisfatória;
- Planejar da melhor maneira;
- Reuniões efetivas;
- Aprender, replicar e praticar;
- Otimização de e-mails e da comunicação;
- Trabalhar bem com os outros;
- Usar as ferramentas e os aplicativos ideais;
- Reforçar hábitos e comportamentos.

Como usar este livro

Cada capítulo traz uma nova ideia para ajudá-lo a chegar mais perto de seus objetivos. Em cada capítulo as ideias são apresentadas e explicadas logo na primeira página. Já a segunda página traz exercícios e atividades — alguns pequenos, outros grandes — para que possa começar a colocá-los em prática hoje mesmo.

Não deixe de fazer as atividades. Afinal, as tarefas aqui apresentadas foram criadas especificamente para lhe dar a melhor atitude, os melhores hábitos, habilidades, relacionamentos e modos de agir necessários para maximizar suas chances de se tornar mais eficiente. Algumas vão surpreendê-lo, outras vão desafiá-lo e outras até mesmo vão parecer simples e óbvias. Todas são importantes para construir o portfólio de habilidades necessário para se tornar mais produtivo. Completá-las irá colocá-lo no caminho certo para desenvolver uma mentalidade focada na produtividade e aprimorar sua expertise em trabalhar de maneira inteligente. Essas não são coisas fáceis de se conquistar e poucas pessoas estão dispostas a investir o tempo e esforço necessários. Mas indivíduos altamente produtivos conseguem.

Você vai encontrar muitas atividades para colocar em prática imediatamente e algumas para fazer mais tarde, dependendo da sua situação e desafios atuais, assim como todos os seus planos e objetivos. Se uma ideia ou sugestão não lhe parecer muito útil agora, guarde-a e volte a ela mais tarde.

Quem sou eu para falar sobre produtividade?
Este livro se baseia no conhecimento que adquiri depois de treinar e atuar como mentor de líderes espalhados por todo o globo nos últimos vinte anos. Desde CEOs globais até empreendedores enfrentando dificuldades, passando por líderes no setor público e em instituições filantrópicas, indo até profissionais em seu primeiro cargo de gerência, iniciando sua carreira em liderança. Todos têm algo a dizer a respeito da jornada rumo a se tornarem altamente produtivos.

A experiência deles se combina com a minha própria sabedoria, conquistada mediante altos e baixos incrivelmente pessoais. Foi com essas lições profundas que aprendi a:
- Esforçar-me para me tornar, com apenas 26 anos, o diretor-financeiro regional de uma empresa FTSE 100;
- Liderar, em diversos países, filiais de empresas multinacionais;
- Criar e assumir a liderança de uma fundação filantrópica;
- Estar nas equipes de liderança de várias start-ups de tecnologia, inclusive nas áreas de robótica educacional e espaços na internet;

- Participar da diretoria de entidades que incluem escolas internacionais.

Mais importante do que tudo isso, aprendi a valorizar e gostar de ser um líder e a apreciar minha habilidade de causar impactos positivos na vida e carreira de tantas pessoas e comunidades.

A partir de todo o meu trabalho e experiência, selecionei as 100 coisas mais essenciais de que você precisa para realizar tarefas da maneira mais inteligente e eficiente possível. Espero que todos os conselhos presentes aqui o ajudem a conquistar todos os seus sonhos, objetivos e tarefas para criar a história de sucesso desejada.

01

ENTENDA SUA NECESSIDADE DE SER PRODUTIVO

*Visualize o que almeja
– em seguida, entre em ação.*

Vamos começar pelo começo. *Por que* você quer ser mais produtivo? Essa é a pergunta que faço às pessoas que oriento quando estas manifestam o desejo de serem mais produtivas do que são no momento.

Há muitas razões possíveis:
- Quero ser o primeiro a concluir qualquer tarefa;
- Quero ter mais tempo livre para fazer outras coisas;
- Quero me sentir menos esgotado no fim do dia;
- Quero fazer com que meu trabalho seja mais fácil de organizar;
- Quero dormir bem sem me preocupar com o trabalho;
- Quero dividir minha carga de trabalho e envolver outras pessoas;
- Quero superar o estresse de uma longa lista de afazeres;
- Quero mostrar ao meu chefe que sou capaz;
- Quero sair do trabalho na hora certa, pelo menos uma vez;
- Quero superar expectativas.

Cada um de nós é uma pessoa única, guiada por nossa personalidade, ambiente de trabalho, experiências passadas e pessoas que nos influenciam. Algo que é prioridade para você pode ser uma situação que outra pessoa vai querer "evitar a qualquer custo"; você pode querer executar várias tarefas ao mesmo tempo, enquanto outra pessoa só quer se concentrar em uma coisa de cada vez; você pode querer passar como um trator por sua lista de afazeres, passando o mínimo de tempo possível em cada tarefa, enquanto outra pessoa pode querer completar cada uma delas com perfeição.

Descobrir *por que* você quer ser mais produtivo vai ajudá-lo a entender *como* ser mais produtivo. E assim será possível alcançar seus objetivos da melhor maneira possível.

ENTRE EM AÇÃO

Descubra o que significa ser produtivo para você
Pergunte para si por que você não é uma pessoa completamente produtiva neste momento e o que lhe atraiu para este livro. O que está querendo consertar? Essas sugestões podem ajudá-lo a refletir acerca de suas razões:
- Você tem a impressão de que poderia ser mais rápido e mais eficiente?
- Seu gerente reclamou da qualidade de seu trabalho?
- Você se sente continuamente estressado e sobrecarregado pela quantidade de trabalho a fazer?
- Está cansado de passar horas executando tarefas manuais?
- Já possui alto nível de produtividade e só quer aprender técnicas novas?

Para começar, faça uma lista de todos os desafios que deseja superar. Agora, transforme-os em resultados com palavras positivas e cujo foco é a produtividade; objetivos que você ficará motivado a alcançar. Este é um exercício de visualização que envolve "começar tendo o fim em mente", e em reconhecer que todos nós reagimos melhor a objetivos e resultados positivos em vez de negativos. Se os cinco exemplos de desafios acima fossem seus, então seus resultados correspondentes poderiam ser descritos da seguinte maneira:
- Trabalho de uma maneira muito rápida, eficiente e produtiva com tudo o que preciso completar;
- Meu gerente sempre se impressiona com a alta qualidade de meu trabalho;
- Administro a minha carga de trabalho com conforto, livre de qualquer estresse ou sensação de que estou sobrecarregado;
- Encontro maneiras inteligentes e eficientes de completar tarefas que costumavam ser lentas e manuais;
- Meu desempenho no trabalho e meus níveis de produtividade estão sempre melhorando.

Encontre as ferramentas e soluções adequadas

Quando tiver visualizado aquilo que almeja alcançar, você estará nas condições ideais para trabalhar o conteúdo deste livro e pronto para decidir quais das 100 coisas são prioritárias para começar a implementar hoje mesmo.

02

SAIBA O QUE PRECISA SER FEITO

> *Se você não tiver um plano, como vai saber por onde deve começar?*

Em um mundo cheio de incertezas, o simples fato de saber e anotar o que precisa ser feito pode ser bem tranquilizador e reconfortante. Mas ter uma lista de atividades a fazer é mais do que "apenas" contar com lembretes de tarefas que o aguardam. É algo que pode ajudar a impulsionar seu desempenho, tornando as circunstâncias mais claras para si. Essa foi a conclusão de uma pesquisa publicada em 2011 pela Universidade Estadual da Flórida, que descobriu que quando enumeramos nossas tarefas ainda por fazer, reduzimos substancialmente a distração mental de ter afazeres a completar, o que nos deixa livres para nos dedicar ao trabalho que está à mão.

Considerando esse benefício de ter uma lista de tarefas a serem cumpridas, até mesmo uma lista escrita em um guardanapo é muito melhor do que não ter nenhuma. Mas pessoas altamente produtivas levam sua "lista de atividades a fazer" a outro patamar. Afinal, elas sabem que só vão conseguir otimizar a produtividade caso tenham uma lista de tarefas por escrito, atualizada e estruturada. Isso é respaldado por uma pesquisa de 2016 feita por Shamarukh Chowdhury, na Universidade Carleton, do Canadá, que submeteu à avaliação trezentos estudantes universitários acerca de como criam e mantêm suas listas de atividades a fazer e como suas escolhas impactam na produtividade e no sucesso em completar essas tarefas no tempo apropriado. Desse modo, ela concluiu que:

- Aqueles que criam listas de coisas a fazer mais formais procrastinam menos do que os que tinham somente listas aleatórias de tarefas pendentes;

- Aqueles que atualizam e consultam regularmente suas listas de coisas a fazer são mais atentos a detalhes do que os outros alunos.

Chegou a hora de se tornar um expert em listas de coisas a fazer!

ENTRE EM AÇÃO

Crie uma lista de coisas a fazer...
Onde e como você vai criar a lista são escolhas suas — pode ser em uma caderneta de papel ou em um caderno, registrada on-line em um arquivo do Word ou do Excel ou armazenada em um aplicativo de produtividade em seu celular. Se não tiver certeza de qual método funciona melhor para você, tente:
- Fazer uma lista de suas tarefas pendentes em um caderno convencional e escrever uma nova lista a cada semana, em páginas diferentes;
- Criar uma planilha no Excel, a qual é possível manter atualizada com facilidade e imprimir, se precisar;
- Usar alguma das muitas ferramentas de planejamento e agenda (que são exploradas em capítulos posteriores).

Em pouco tempo, você vai descobrir qual método prefere. Eu mesmo tentei várias opções e hoje, para ter a satisfação de riscar as tarefas conforme as completo, uso uma lista manuscrita.

... E siga-a à risca
O segredo é ser consistente e manter sua lista de atividades atualizada diária ou semanalmente. Faça isso consultando-a todos os dias, assinalando aquilo que completou e atualize-a conforme as novas tarefas cheguem ou os conforme detalhes das tarefas já incluídas mudem.

03

TRABALHE EM PERÍODOS CURTOS E INTENSOS

> *Trabalhe no ritmo de seu tempo de atenção, e não contra.*

Embora não haja uma resposta definitiva para a pergunta "qual é a verdadeira extensão da concentração de um ser humano", estudos feitos em anos recentes concluíram que nós perdemos a concentração em questão de minutos. Um estudo publicado no Reino Unido, em 2017, pela Skipton Building Society descobriu que o tempo de atenção médio é de apenas catorze minutos, dependendo do que se está fazendo e com quem. A pesquisa mostrou a duração média da concentração em diferentes cenários:

Atividade	Duração média da concentração
Uma reunião	13 minutos
Uma conversa com alguém que tenha a voz enfadonha	6 minutos
Uma ligação telefônica no trabalho	7 minutos
A leitura de um livro	15 minutos
Uma situação social com um amigo	29 minutos

Assim, da próxima vez que sua mente se distrair em alguma reunião no trabalho, ou quando você começar a perder o fio da meada enquanto elabora um relatório, não se sinta culpado. Nós não nascemos com a capacidade de nos concentrar em uma única atividade por muito tempo. E, no nosso mundo de mídias sociais, internet e sobrecarga de informações, isso provavelmente só vai piorar.

Pessoas produtivas entendem isso e tomam o cuidado de trabalhar em tarefas durante apenas alguns minutos antes de fazer uma pausa. Uma maneira de emular o que essas pessoas fazem é seguir a técnica Pomodoro, criada por Francesco Cirillo na década de 1980. Essa é uma técnica de gerenciamento de tempo que força a pessoa a trabalhar em períodos curtos e intensos intercalados por pausas, com a finalidade de alinhar períodos de trabalho concentrado com seu tempo de atenção.

Vamos colocar isso em ação.

ENTRE EM AÇÃO

Pratique a técnica Pomodoro
O modelo original de Cirillo sugere que este esquema de trabalho seja seguido:
1. Escolha a tarefa na qual você quer se concentrar;
2. Trabalhe nela por 25 minutos, usando um alarme para indicar quando esse tempo chegou ao fim;
3. Pare tudo o que estiver fazendo e faça uma pausa de 5 ou 10 minutos;
4. Trabalhe por mais 25 minutos e faça uma nova pausa curta;
5. Depois de completar três etapas de trabalho de 25 minutos, faça uma pausa mais longa, de 20 a 30 minutos;
6. Se necessário, repita esse esquema durante todo o dia.

Faça um teste e, se precisar, ajuste os números, de modo que a técnica funcione melhor para você (por exemplo, aumentar os 25 minutos para meia hora). A chave é trabalhar sistematicamente em períodos curtos e cronometrados e, em seguida, fazer pausas curtas para permitir que sua concentração se recupere e esteja pronta para outra rodada de trabalho.

04

SEJA SAUDÁVEL
E SIGA PRODUTIVO

> *Coma bem, durma por tempo suficiente
> e se movimente mais para que a produtividade
> alcance níveis excelentes.*

Você pode até implementar os melhores e mais recentes macetes de produtividade, mas, se não cuidar do próprio físico, não obterá sucesso. A adrenalina e algumas xícaras de café podem fazer com que você seja produtivo hoje, mas cedo ou tarde vai acabar desabando.

Há três áreas da sua saúde física que impactam sua habilidade de trabalhar bem: sono, exercício e nutrição.

Não dormir o suficiente afeta sua capacidade de se concentrar, pensar e se comunicar. Uma pesquisa feita por dois acadêmicos dos Estados Unidos, Julian Lim e David F. Dinges, concluiu (e eu tenho certeza de que você já deve saber disso) que a falta de sono diminui a capacidade de pensar e agir. Outro estudo feito por pesquisadores da Universidade de Turku, na Finlândia, descobriu que a privação de sono faz com que seja mais difícil manter o foco e a atenção.

A falta de exercícios parece ser tão danosa à produtividade de uma pessoa quanto passar algumas noites sem dormir, e há pesquisas que mostram uma ligação clara entre o desempenho no trabalho e a quantidade de atividade física executada. Por sorte, você não precisa passar horas correndo ou puxando ferro na academia; um estudo a respeito de ambientes de trabalho de 2016 descobriu que é possível melhorar a produtividade ao simplesmente passar mais tempo em pé durante o horário de trabalho.

Você pode ser do tipo que come pouco, escolhendo fazer jejuns ocasionais e não se importa em trabalhar de estômago vazio, mas, se não comer apropriadamente e beber água em quantidade suficiente, sua capacidade de trabalhar de forma produtiva vai cair. Um estudo publicado em 2011 no periódico *Perspectives in Public Health* descobriu que, ao melhorar seu consumo nutricional, você pode aumentar sua produtividade em 2%, enquanto uma pesquisa de 2015 do *British Journal of Health Psychology* encontrou uma ligação clara entre a quantidade de frutas e legumes que uma pessoa come e seus níveis de positividade, de envolvimento com o trabalho e de criatividade.

ENTRE EM AÇÃO

Descanse e durma bem
Pergunte a si mesmo: o que é necessário para acordar descansado, positivo e cheio de energia? Você precisa de oito horas de sono todas as noites? Precisa ir para a cama mais cedo, trocar as cortinas para bloquear as luzes da rua ou parar de verificar seus e-mails antes de dormir para ter certeza de que as preocupações do trabalho não vão mantê-lo acordado?

Tente usar um dos muitos *smartwatches*, e aplicativos relacionados, que estão no mercado e podem ajudar a monitorar seus padrões de sono ao fazer sugestões acerca de como você pode melhorar a qualidade de seu sono.

Crie um plano de exercícios e siga-o
Pense no que precisa fazer para encontrar tempo e espaço para executar seu esporte ou rotina de exercícios preferido. Não importa se você gosta de fazer apenas um passeio todos os dias, alongar-se pelas manhãs, treinar para meias-maratonas ou atravessar a piscina do clube 100 vezes. Crie um momento regular na sua rotina diária e só faça! Você pode até mesmo procurar um treinador especializado em saúde e boa forma física para ajudá-lo a selecionar as atividades mais adequadas de acordo com seu preparo físico atual e compleição física.

Coma e beba da melhor maneira
Faça uma limpeza em sua dieta e hábitos alimentares explorando o que você precisa mudar para melhorar sua saúde física e mental. Tente reduzir seu consumo de álcool e evite consumir carboidratos demais. Em vez disso, beba mais água e consuma alimentos que, comprovadamente,

aumentam sua potência cerebral, como peixes oleosos, castanhas, abacate e ovos.

Dê atenção especial a alguns capítulos posteriores nos quais vamos explorar nossa necessidade de manter outros aspectos da saúde, tais como a mental e a emocional. Tudo isso é essencial para manter a produtividade.

05

DIGA "NÃO"

> *Você não pode ser tudo*
> *para todas as pessoas o tempo todo!*

Às vezes é preciso parar de ser tão gente boa. Você pode achar que está sendo superprodutivo quando diz "sim" toda vez que lhe pedem para fazer alguma coisa; afinal de contas, comparado a resistir e reclamar, isso cria muito menos desgastes. E esse ato pode até fazer com que você seja uma pessoa popular, no entanto não há nada de impressionante em construir uma lista muito extensa de coisas a fazer só porque é incapaz de dizer "não". Cedo ou tarde, você não vai conseguir entregar o que prometeu ou pode até mesmo começar a sofrer devido à síndrome de *burnout*. Pense com cuidado antes de:
- Concordar em terminar um relatório até quinta-feira, quando sabe que você só terá tempo mesmo na semana seguinte;
- Em uma reunião, oferecer-se para liderar um projeto, quando tem certeza de que isso vai sobrecarregar sua programação de trabalho;
- Concordar em trabalhar no fim de semana para finalizar algumas planilhas, sabendo que há eventos de família já agendados.

É muito melhor completar bem algumas tarefas do que sofrer com uma longa lista que vai deixá-lo sobrecarregado e estressado. Pessoas produtivas sabem disso. Elas dominaram a arte de estabelecer limites e aprenderam a dizer "não" quando necessário.

ENTRE EM AÇÃO

Conheça a si mesmo
Pergunte-se por que acha tão difícil dizer "não". Provavelmente isso vem de seu desejo natural de ser prestativo e querer que as pessoas gostem

de você. Essa não é uma característica exclusivamente sua. Todos nós queremos ser amados, ajudar pessoas com suas devidas necessidades e evitar a tensão que surge quando dizemos "não". O segredo, porém, é aprender a equilibrar essa necessidade com sua própria realidade. A questão é que simplesmente não há horas suficientes no dia para agradar a todo mundo.

Antes de responder, espere
Talvez ajude se você esperar um pouco antes de responder a pedidos. Não responda àquele e-mail logo de cara; acostume-se, em uma reunião, a dizer "vou lhe dar uma resposta mais tarde". Dê a si mesmo tempo para avaliar sua agenda e a lista de coisas a fazer para poder decidir se vai ser possível aceitar o trabalho adicional.

Estabeleça limites
Sua porta não pode ficar aberta o tempo inteiro. Se responder com fatos, isso pode lhe ajudar a diminuir a sensação de culpa. Compartilhe seu cronograma ou lista de coisas a fazer. Se realmente se sentir obrigado a ajudar, tente negociar. Sugira assumir apenas uma parte da tarefa ou propor um prazo que se encaixe com seu próprio cronograma de trabalho.

06

APRENDA A PRIORIZAR

> Defina o que é importante e o que é urgente
> – e, todo o resto, ignore.

Se você acreditar somente no ponto de vista de seu chefe e das pessoas com quem trabalha, é provável que todas as tarefas, sem exceção, serão urgentes e essenciais. Pois, no que tange seus colegas de trabalho, estes acreditam ser quem deveriam ditar como você deve trabalhar, em vez de si mesmo.

- "Preciso desse relatório para hoje à tarde. Pare tudo que estiver fazendo e coloque mãos à obra";
- "Termine essa tarefa importante ainda hoje, por favor. É superurgente!";
- "Largue tudo e revise este relatório, por favor. É para o chefão";
- "Você precisa completar a avaliação até sexta, pois vai ser o tópico mais importante da reunião da gerência na próxima segunda-feira";
- "Desculpe por não termos pedido antes, mas o cliente precisa que você responda até o fim do dia de hoje."

Claro que todo mundo tem o direito de lhe dizer que tem necessidades exclusivas, mas você tem o direito de filtrá-las de acordo com suas próprias lentes. Pessoas de sucesso administram proativamente aquilo no qual estão trabalhando, determinando diferentes níveis de prioridade para cada tarefa. Conforme recebem pedidos novos e inesperados para fazer coisas, elas estão sempre ponderando a importância e urgência de cada pedido e reorganizam sua lista de coisas a fazer de acordo com tais fatores.

Essas pessoas tipicamente usam uma matriz que contrapõe coisas urgentes *versus* coisas importantes, também conhecida como matriz de Eisenhower. Essa ferramenta requer que todas as suas tarefas sejam colocadas em um dos cada quatro quadrantes em uma tabela (como mostrado abaixo), de acordo com o quanto cada tarefa é urgente ou não urgente, e o quanto é importante ou não importante.

Importante, mas não urgente	Importante e urgente
Nem importante, nem urgente	Urgente, mas não importante

ENTRE EM AÇÃO

Use a Matriz de Eisenhower
Reserve um momento para colocar cada tarefa de sua lista de coisas a fazer em um dos quatro quadrantes explicados a seguir. Quando tiver colocado cada uma das tarefas a cumprir em um quadrante, aplique estas regras:

- **Tarefas que são importantes e urgentes:** essas tarefas devem ser priorizadas e completadas o quanto antes. Elas exigem sua atenção e foco. E, se houver muitas tarefas nessa categoria, talvez você precise categorizá-las para decidir em qual vai se concentrar primeiro, e durante quanto tempo.
- **Tarefas importantes que não são urgentes:** essas tarefas também precisam ser feitas, mas podem ser despriorizadas. Entretanto, mesmo que não sejam urgentes hoje, evite cometer o erro de deixá-las em segundo plano e depois se esquecer delas ou ter que se virar nos trinta para completá-las em cima da hora. O ideal é planejar antecipadamente e reservar tempo na sua agenda para se concentrar nessas tarefas importantes.
- **Tarefas que não são importantes, mas são urgentes:** como não são importantes, tente tirá-las da sua lista de coisas a fazer perguntando a si mesmo se poderia delegá-las. Se tiver que as cumprir por conta própria, pense em como pode minimizar o tempo e esforço investidos para ter mais tempo e energia para as tarefas importantes ainda não concluídas.
- **E, finalmente, tarefas que não são importantes nem urgentes:** tente ignorar essas tarefas e removê-las da sua lista de coisas a fazer. Se elas precisarem ser feitas, repasse-as a outras pessoas ou até mesmo experimente automatizá-las. Seja lá o que for fazer, dedique o mínimo possível de tempo a elas. O capítulo 8 traz mais conselhos acerca de como é possível eliminar tarefas triviais.

07

SAIBA QUANDO
É HORA DE DESLIGAR

> *Você não é uma bateria vitalícia.*
> *Cedo ou tarde, você vai se esgotar.*

Ficar o tempo todo em modo trabalho pode ter consequências horríveis para a sua produtividade e também para a qualidade de sua vida. Se você passar cada minuto do dia pensando em trabalho, fazendo ligações, verificando e-mails e mensagens, isso inevitavelmente vai acabar lhe custando caro.

Em 2019, a Myers-Briggs Company conduziu uma pesquisa com mais de 1.000 pessoas e descobriu que aquelas que tinham mais dificuldade em se desligar do trabalho exibiam níveis mais altos de estresse, falta de equilíbrio entre a vida profissional e pessoal e, ainda, incapacidade de se concentrar em uma tarefa por vez.

De todos os entrevistados que admitiram que não são capazes de parar de trabalhar:

- 28% disseram que eram incapazes de se desligarem mentalmente do trabalho;
- 26% admitiram que o trabalho interferia em sua vida familiar e pessoal;
- 20% disseram que se sentiam mentalmente exaustos.

Desligar-se mentalmente significa se afastar e recuperar seu senso de equilíbrio e tranquilidade. Significa usar o tempo para se concentrar em coisas que não estejam relacionadas a trabalho, esvaziar a mente das pressões do trabalho e conseguir uma boa noite de sono para acordar energizado, relaxado e pronto para enfrentar o dia que vem pela frente. A alternativa é um declínio lento e inevitável de energia, motivação, positividade e produtividade que levam a um *burnout*.

ENTRE EM AÇÃO

Não leve trabalho para casa
Por mais difícil que pareça, faz-se necessário encontrar equilíbrio entre executar bem o seu trabalho e aproveitar as folgas para recarregar as baterias. Isso pode fazer com que seja necessário aplicar algumas mudanças em seu estilo de vida. Se você trabalha fora de casa, indo e voltando de um escritório, decida como vai usar seu tempo de percurso. Você seria capaz de se comprometer a usar o tempo que passa no percurso entre sua casa e a empresa para se desligar completamente do trabalho? Ou seria capaz de chegar a um meio-termo e trabalhar durante o percurso, mas comprometer-se a nunca levar o trabalho para casa?

Se você trabalha em casa com regularidade, é preciso estabelecer limites entre o seu tempo e espaço profissional e o tempo e espaço pessoal. Se possível, crie um espaço de trabalho em sua casa do qual possa se afastar fisicamente. O ideal é haver uma porta que possa ser fechada. Sempre deixe o computador, o telefone profissional e documentos na área dedicada ao trabalho. Mentalmente, quando sair e fechar a porta, tente deixar também nesse local seus pensamentos voltados a trabalho.

Independentemente do que fizer, tente estabelecer um padrão regular de trabalho e descanso a cada dia.

Crie regras para se "desligar" mentalmente
Se realmente precisa trabalhar em horários que vão além do seu horário habitual na empresa, você pode fazer com que um dos dias do final de semana fique livre de trabalho e alocar algumas horas de trabalho no outro. Talvez possa ser instituída uma regra de sessenta minutos durante as noites de semana para responder a e-mails importantes.

Qualquer que seja sua escolha, evite trabalhar no notebook ou celular logo antes de dormir ou assim que acordar. Seu desempenho simplesmente não será o melhor nesses momentos. Ah, e quanto a trabalhar em feriados... nem pense em fazer isso.

08

ELIMINE O TRIVIAL

*Pare de desperdiçar tempo e energia
– deixe as distrações pessoais em casa.*

Se você está desperdiçando tempo em tarefas triviais e inúteis, saiba que não está sozinho. Há pesquisas que mostram que esse é um problema comum:

- Um estudo do McKinsey Global Institute descobriu que apenas 39% de nosso tempo é gasto com tarefas que são específicas do nosso cargo no trabalho;
- Uma pesquisa publicada em 2018 que contou com 3 mil pessoas em oito países, realizada pela Kronos Corporation, descobriu que 9 de cada 10 entrevistados desperdiçava tempo com atividades não relacionadas à sua função principal, e na qual 41% disseram que perdem mais de uma hora por dia em tarefas não essenciais;
- A Vouchercloud.com perguntou a quase 2 mil funcionários de escritórios do Reino Unido quanto tempo eles achavam que passavam trabalhando de maneira produtiva em um típico dia de trabalho. A resposta média foi de somente 2 horas e 53 minutos.

Então, o que todos nós fazemos quando trabalhamos de maneira tão improdutiva? A resposta é uma mistura de tarefas triviais relacionadas à vida pessoal e ao trabalho, tais como:

Tarefas pessoais	Tarefas profissionais
Conversas sobre amenidades com amigos e familiares	Em reuniões desnecessárias

Pesquisando e fazendo compras on-line	Navegando por e-mails improdutivos
Divagando	Refazendo ou repetindo trabalho
Procurando um novo emprego	Escrevendo relatórios que ninguém lê

Tudo isso trata-se de uma *masterclass* sobre o que *não* fazer se quiser ser produtivo. Pessoas produtivas não somente evitam essas distrações; elas calculam com prioridade como seu tempo *está sendo* consumido. Ciente disso, você pode eliminar todas as inutilidades e, ao mesmo tempo, deixar em casa a lista de pendências que se tratam de atividades pessoais/não relacionadas ao trabalho.

ENTRE EM AÇÃO

Faça uma auditoria sobre o desperdício
Com honestidade, dê uma olhada em si para descobrir onde estão os desperdícios de tempo e energia no seu trabalho. Releia o trecho sobre a "matriz de tarefas importantes *versus* tarefas urgentes" (capítulo 6) e descreva, em detalhes, as tarefas triviais que estão nos dois quadrantes que abrigam atividades não importantes.

Para ajudá-lo a criar a lista, preste atenção em como você passa o dia de trabalho. Tome nota a respeito de quando investe tempo em atividades que não devolvem algo de valor. Essas são tarefas que não teriam nenhum impacto importante em seu sucesso profissional caso as ignorasse por completo.

Elimine o desperdício
Para cada tarefa, é preciso decidir como vai proceder. Você pode simplesmente ignorá-las e esperar que ninguém perceba. Pode delegar ou fazer um acordo com seu chefe para que essas tarefas sejam removidas da sua área de responsabilidades. E, sobre como é possível se livrar de partes da sua carga de trabalho, é possível encontrar por todo o livro conselhos e ferramentas quanto a esse dilema.

Avalie as tarefas não essenciais
Todos podemos ser culpados por cuidar de afazeres pessoais quando deveríamos estar trabalhando, seja por meio de uma navegação inofensiva por sites na internet, algumas compras on-line, usar redes sociais ou até mesmo procurar possíveis empregos. Cada minuto gasto em uma dessas atividades é um minuto a menos investido no seu trabalho. É você quem deve decidir se essa troca vale a pena.

Seja lá o que decida fazer, seja honesto consigo mesmo sobre o impacto que seus afazeres não essenciais e não relacionados ao trabalho têm em sua capacidade de fazer bem o seu trabalho e alcançar seus objetivos e metas.

09

SAIBA SE VOCÊ É UMA PESSOA DIURNA OU NOTURNA

> *Você é uma coruja noturna ou o galo que canta pela manhã? Trabalhe no período em que se sente mais vivo e energizado!*

A culpa por ser uma pessoa diurna ou noturna recai sobre seus ancestrais. Uma pesquisa publicada em 2019, no periódico *Nature Communications*, concluiu que é o DNA que determina seu ritmo circadiano, ou ciclo natural, de sono e vigília. Isto, por sua vez, é o que predispõe qualquer pessoa a ser mais produtiva e alerta em momentos diferentes do dia. E é por isso que todos temos padrões diferentes de energia. Pessoas diurnas são mais produtivas e mentalmente alertas antes do horário do almoço, enquanto pessoas noturnas chegam ao ápice da produtividade mais tarde. Se você sente que está no ápice da sua produtividade mais à noite, então você provavelmente é uma coruja noturna.

Saber identificar quando se sente mais vivo, energizado e produtivo é importante, pois esse é o melhor momento para você cuidar da maior parte de seu trabalho — particularmente das tarefas mais exigentes para as quais precisa estar mentalmente alerta. Infelizmente, muitos de nós temos de trabalhar em horários nos quais não funcionamos a pleno vapor. Por exemplo, quando trabalhamos em uma equipe espalhada entre vários fusos horários, fazendo plantões noturnos ou em horários irregulares. Forçar sua mente e corpo a estarem ativos em horários que não se encaixam com seus ritmos circadianos pode ser prejudicial à saúde e à produtividade. Uma pesquisa publicada no *Journal of the US National Institute on Alcohol Abuse and Alcoholism* descobriu que perturbar seu ciclo de sono e vigília diário pode levar à depressão, à dependência do álcool e a distúrbios psiquiátricos.

Nem todo mundo tem a sorte de poder escolher seu horário de trabalho, mas pessoas altamente produtivas geralmente atuam em harmonia com seu padrão circadiano preferido, tomando o cuidado de descansar e se recuperar quando são forçadas a rompê-lo.

ENTRE EM AÇÃO

Conheça seu ciclo biológico...
Lembre-se de que seu ciclo biológico de sono e vigília nem sempre é óbvio. Você pode *achar* que é uma pessoa diurna simplesmente porque seu estilo de vida ou emprego exigem que acorde antes das seis horas da manhã. A realidade é que você pode ser muito mais produtivo em um cargo que comece e termine mais tarde.

Para descobrir seu padrão biológico, experimente e observe como se sente quando trabalha em momentos diferentes do dia. Saiba que nós mudamos com o passar do tempo, e há pesquisas que sugerem que, conforme envelhecemos, começamos a acordar mais cedo e nos sentimos menos alertas no fim da tarde e no começo da noite.

... E use isso a seu favor
Quando estiver confiante de que conhece seu ciclo, sempre agende reuniões importantes ou faça o trabalho mais desafiador nos períodos de pico de produtividade. Eu sou uma pessoa diurna e, portanto, prefiro começar discussões importantes e sessões de *brainstorming* por volta das nove horas da manhã. Um dos meus sócios é o oposto; ele costuma deixar as reuniões importantes para o meio da tarde ou até mesmo para o início da noite.

Se você é uma pessoa com fortes hábitos diurnos, aproveite quaisquer possibilidades de horários flexíveis que surjam em seu trabalho para começar mais cedo e terminar tarefas logo após o almoço. Da mesma forma, adie o início de seu dia de trabalho e termine suas tarefas no começo da noite, se você for mais produtivo à noite. Se tudo correr bem, este será um dos benefícios do aumento do trabalho em casa: a flexibilidade para ajustar o período de trabalho.

Aproveite ao máximo as "cochiladas"
Um rápido cochilo em algum momento apropriado do dia pode ajudá-lo a manter seu desempenho. Assim, se você for uma pessoa diurna, não se acanhe em fazer um breve descanso no início da tarde para conseguir enfrentar o restante do dia de trabalho.

10

DIVIDA O FARDO

> *Você não é um super-herói.*
> *Se precisar de ajuda, peça.*

Tentar fazer tudo por conta própria é um hábito bastante comum. E é algo que pode ser feito motivado pelo fato de você:
- Querer mostrar ao chefe que é capaz de cumprir as tarefas pelo próprio esforço;
- Decidir que é mais rápido escrever o relatório por conta própria do que encontrar um colaborador que faça isso no seu lugar;
- Não confiar o bastante em um membro da equipe para que este o substitua efetivamente em uma reunião;
- Achar que pedir ajuda é sinal de fraqueza;
- Ser um pouco controlador demais e não se sentir confortável em envolver outras pessoas;
- Não suportar a trabalheira de explicar a outra pessoa como ela deve completar a tarefa;
- Não confiar em nenhum membro da equipe para completar a tarefa a tempo.

Essas justificativas podem ser perfeitamente válidas, mas você nunca vai alcançar a produtividade máxima se puxar todas as tarefas para si. Se continuar acreditando nisso, vai acabar:
- Perdendo a oportunidade de trabalhar em outras tarefas enquanto outras pessoas o ajudam;
- Se ocupando pessoalmente com um trabalho que outras pessoas poderiam fazer melhor do que você;
- Correndo o risco de ficar sobrecarregado e estafado.

Você não precisa ser especialista em todos os assuntos e não há problema em aceitar suas fraquezas. Pessoas que tendem a ser mais produtivas sabem que não são super-heróis. Elas sempre tentam dividir o fardo de trabalho pedindo ajuda, delegando tarefas e apoiando e agradecendo pelo auxílio que recebem.

ENTRE EM AÇÃO

Entenda sua dificuldade em se desapegar
Usando a lista presente anteriormente como ponto de partida, pense nas vezes que você optou por completar tarefas por conta própria e nas razões que usou para justificar suas ações. Seja honesto consigo e não se sinta constrangido ou culpado. Se você não confia em seus colegas de trabalho ou gosta de receber toda a glória apenas para si, está tudo bem.

Esteja disposto a pedir ajuda
Decida quais itens na sua lista de afazeres poderiam ser feitos por outras pessoas, assim como aqueles que você realmente precisa fazer com as próprias mãos. Uma vez decidido, pense em quem seria a pessoa certa para ajudar o cronograma a voltar para os trilhos. No trabalho, podem ser os membros da sua equipe, outros funcionários, seu chefe ou um fornecedor. Em casa, pode ser a pessoa com quem se relaciona, seus filhos ou amigos. Reserve algum tempo para explicar por que você precisa dessa ajuda e seja grato e positivo por essas pessoas estarem dispostas a se envolverem. Não se esqueça de demonstrar sua gratidão oferecendo-se para ajudá-las no futuro. Se uma pessoa estiver ocupada demais para ajudá-lo, compreenda a situação e não faça com que ela se sinta mal.

Ensine e confie
Separe um tempo para mentorar, treinar e ensinar pessoas que o auxiliam, mostrando-lhes o que é necessário para completar com sucesso tais tarefas. Seja paciente e confiante. Aceite que elas podem cometer erros, particularmente se for uma tarefa nova. Não reaja de maneira exacerbada caso ajam com lentidão ou tenham dificuldades. Lembre-se e agradeça pelo fato de que elas estão lhe fazendo um favor ao tentar ajudá-lo e não seja exigente demais se não fizerem um trabalho perfeito.

Evite os erros comuns relacionados à delegação
Quando se tem a própria equipe, evite desmotivá-los ao repassar muita coisa para fazerem ou ao dar-lhes somente tarefas tediosas ou enfadonhas. Analise as cargas de trabalho conscientemente e misture a qualidade das tarefas. É muito importante evitar ao máximo demonstrar favoritismo ao delegar consistentemente as tarefas mais interessantes ou mais fáceis às mesmas pessoas.

11

SAIBA USAR A TECNOLOGIA

| *O futuro é digital.*

Sem tecnologia, é impossível concluir qualquer tarefa. Ficaríamos completamente perdidos sem nossos computadores e celulares. As organizações funcionariam de maneira cada vez mais lenta se seus funcionários não conseguissem acessar sistemas, bancos de dados e arquivos em nuvem.

Usar a tecnologia de maneira inteligente é uma habilidade essencial. Um estudo feito pela empresa de consultoria McKinsey chegou à mesma conclusão. Publicado em 2021, o estudo intitulado "Definindo as habilidades que os cidadãos vão precisar no mundo futuro do trabalho" concluiu que, para ter sucesso, é preciso dominar quatro conjuntos de habilidades. Os três primeiros conjuntos são: "autoliderança", "habilidades cognitivas e de pensamento" e "habilidades interpessoais". O quarto é chamado de "habilidades digitais", e é subdividido em três partes:

- **Fluência e cidadania digital:** Os quais abrangem como aprender e colaborar on-line;
- **Uso de software e desenvolvimento**: Os quais cobrem a capacidade de analisar dados, noções sobre programação de diferentes tipos de software e os algoritmos que lhes servem de alicerce;
- **Entender sistemas digitais:** O qual abraça habilidades como pensar em termos de sistemas, cibersegurança, análise de dados e também capacidade de traduzir necessidades em soluções tecnológicas.

Para chegar à produtividade máxima, não há como evitar isso: é preciso se acostumar e saber usar a tecnologia. Use-a para aumentar sua eficiência e aproveite todas as ferramentas que estiverem ao seu dispor.

ENTRE EM AÇÃO

Abrace as habilidades digitais
Ser produtivo não significa se tornar doido por tecnologia, mas é preciso conhecer e estar disposto a aprender sobre habilidades digitais. Tome uma decisão consciente de lhes dar o mesmo foco e atenção que você dedica a outras habilidades e competências que dominou para desempenhar bem seu trabalho.

Comece pelo objetivo de ser alguém que conhece a tecnologia mais a fundo do que as pessoas com quem você trabalha. Faça isso das seguintes maneiras:
- Adote qualquer ferramenta tecnológica, sistema ou dispositivo que possa ajudá-lo a ter resultados ainda melhores;
- Aprenda sobre inovações, soluções, serviços e produtos tecnológicos que podem impactar sua organização;
- Reserve tempo para ler artigos, aprender com colegas que são fluentes em tecnologia e visitar conferências e exposições;
- Seja o primeiro a explorar e experimentar novas soluções digitais.

No capítulo 85, você também vai receber informações para abraçar a inteligência artificial (IA) e encontrar maneiras de fazer com que esta o ajude a aumentar a produtividade.

12

FAÇA O QUE VOCÊ AMA

Deixe que a sua paixão impulsione seu desempenho!

Para ter sucesso na vida, faça o que você ama. Tenho certeza de que já deve ter ouvido isso antes; afinal, é o alicerce de inúmeros livros de autoajuda e discursos motivacionais. O discurso de Steve Jobs aos alunos da Universidade de Stanford, em 2005, é um dos exemplos mais famosos.

Há um motivo para essa ideia ser popular: o fato de ser verdadeira! O consenso popular diz que, se você gosta de fazer alguma coisa, então terá uma probabilidade maior de se dedicar a essa atividade por mais tempo, com mais cuidado e de se tornar um expert no assunto.

A ciência respalda a ligação entre paixão e desempenho, e muitas pesquisas foram feitas na ideia de estar "no fluxo" — conceito desenvolvido na década de 1970 pelo professor Mihaly Csikszentmihalyi, da Universidade de Chicago. Sua pesquisa revelou que, quando se faz um trabalho que ama, a tarefa parece não demandar tanto esforço e é altamente motivadora. E seu desempenho melhora porque:

- As tarefas são mais fáceis de cumprir;
- Você tem mais autoconfiança;
- Você tem mais energia;
- Você se sente mais positivo e otimista;
- O tempo passa mais rápido;
- Tarefas repetitivas são menos entediantes ou chatas;
- Você persiste e se concentra;
- Você acha os desafios menos difíceis.

Algumas pessoas têm a sorte de poder trabalhar em áreas que amam. Isso costuma acontecer porque seguem uma paixão que nutrem desde que eram crianças por animais ou desenho, por exemplo. Se você se identifica com isso, provavelmente já passou pela experiência de estar "no fluxo".

Caso contrário, não se desespere. A maioria das pessoas trabalha em empregos que não estavam predispostas a amar, mas todos podemos *aprender* a amar o que fazemos. Um estudo feito em 2015 pela Universidade de Michigan e publicado no *Personality and Social Psychology Bulletin* revela que, para ser bem-sucedido e altamente produtivo, você não precisa se "apaixonar à primeira vista" por nenhum novo emprego ou mudança de carreira. Em vez disso, sua paixão pode ser cultivada e ampliada ao longo do tempo, conforme você ganha experiência e expertise.

ENTRE EM AÇÃO

Encontre sua paixão...
Faça uma lista das coisas que ama, elencando todo tipo de trabalho e tarefas que você realmente aprecia e pelas quais talvez até se sinta apaixonado. Talvez você não se surpreenda em saber que eu amo escrever e ajudar pessoas. Sua própria lista pode ser uma combinação que inclua itens como: liderar, construir, ensinar, guiar, criar. Sinta-se livre para incluir profissões ou setores específicos, tais como Direito ou a indústria de software. Se tiver dificuldades para elaborar uma lista, tente anotar os tipos de trabalho de que *não* goste.

... E coloque-a para trabalhar
Caso já não esteja trabalhando em um emprego que inclua aquilo que ama, pergunte a si mesmo o que mais você poderia fazer. Se quiser fazer uma mudança de carreira, planeje como isso poderia ser feito. É bom incluir um cronograma realista e listar ações-chave, as quais podem incluir a aquisição de novas habilidades, encontrar um coach de carreira ou identificar um mentor que já trabalhe na área na qual você deseja atuar.

Se estiver em um emprego pelo qual não se sente apaixonado, tome a decisão consciente de, apesar de tudo, crescer e ter sucesso. Traga ao seu trabalho a determinação de superar as expectativas. Aprenda o máximo que puder e encontre maneiras de completar todas as suas tarefas com sucesso.

13

NÃO HÁ PROBLEMAS EM SER IMPERFEITO

| *Não deixe que o medo do fracasso o destrua.*

Boas notícias para os perfeccionistas. Vocês têm uma chance maior de produzir os melhores resultados, superar seus colaboradores e entregar aos seus clientes mais do que lhes foi pedido. Uma revisão extensa de 95 estudos publicada em 2018 pelo *Journal of Applied Psychology* descobriu que pessoas perfeccionistas tendem a ser mais engajadas, motivadas e dispostas a trabalhar por mais tempo do que seus colegas.

No entanto, se o perfeccionismo é tão bom, por que dizemos que não há problema em ser imperfeito? Há três motivos:
- Perfeccionistas podem estar pagando um preço muito alto. O mesmo estudo encontrou uma forte correlação entre perfeccionismo e altos níveis de depressão, estresse, *burnout*, ansiedade e de tendência ao comportamento *workaholic*;
- O tempo extra que perfeccionistas investem pode ter pouco impacto na qualidade de seu trabalho. Eles podem estar definindo padrões excessivamente altos de excelências que não são desejados nem valorizados por seus chefes ou clientes;
- O desempenho geral pode sofrer por causa disso. Ao dedicar mais tempo a cada tarefa, perfeccionistas têm chances maiores de perder prazos e ficar para trás enquanto tentam completar os itens de sua lista de atividades.

Se você quer ser perfeccionista, as pesquisas dizem: seja aquele que busca a excelência em vez daquele que trabalha demais por medo do fracasso. Uma pesquisa publicada no periódico *Personality and Individual Differences* estudou os dois tipos de perfeccionista e descobriu que aqueles que trabalham demais por medo do fracasso têm uma probabilidade muito maior de ver sua produtividade cair e, após algum tempo, se deparar com a estafa.

ENTRE EM AÇÃO

Administre seu perfeccionismo
Seja seletivo em relação a como você aloca seu tempo. Sempre haverá tarefas em que um nível maior de perfeição é necessário. Use os minutos, horas ou até mesmo dias extras nessas tarefas, mas aprenda a distinguir o que precisa de um esforço extra daquilo que não precisa.

O segredo é fazê-lo de maneira seletiva e não permitir que suas tendências perfeccionistas se tornem viciantes nem algo que é aplicado a todas as tarefas de seu trabalho. Trabalhar em excesso só vai causar desgaste, e perder os prazos de entrega do trabalho vai deixá-lo estressado.

Experimente a técnica *time-boxing*
Para controlar quanto tempo você passa em cada tarefa, experimente a técnica conhecida como *time-boxing*. Isso envolve decidir por quanto tempo vai trabalhar em alguma coisa e seguir esse prazo à risca. Para cada tarefa, escolha uma quantidade sensata de tempo de acordo com sua experiência. Decida quanto tempo vai precisar para completar bem a tarefa, mas não a ponto de estar 100% perfeita. Assim como acontece com a técnica Pomodoro, prepare um cronômetro. E, quando o alarme soar, finalize rapidamente o que estiver fazendo e dê a tarefa como concluída.

Quando estiver trabalhando com outras pessoas, peça-lhes que sejam exigentes e venham cobrá-lo nos intervalos acordados para ver se você completou uma tarefa na qual estava trabalhando. Caso se pegue dizendo algo como: "Preciso de um pouco mais de tempo para deixar isso aqui ainda melhor", faça com que lhe contestem. Você pode descobrir que já completou a tarefa em um nível aceitável.

Trate seu vício
Se você não consegue se livrar do perfeccionismo, talvez precise tratá-lo como se fosse um vício e, desse modo, preparar-se para procurar terapia ou aconselhamento com um profissional treinado no intuito de eliminar comportamentos viciosos.

14

NÃO PROCRASTINE

> *Deixar para amanhã o que é preciso fazer hoje só torna o hoje mais fácil.*

Começar a executar tarefas novas é difícil. Às vezes é apenas uma questão de estar sobrecarregado, mas outras vezes o problema está na procrastinação — o que é bem pior. Todos nós temos culpa por fazer isso. Todos optamos por adiar a execução de algo importante, mesmo sabendo que esse atraso vai resultar em consequências negativas. Essa é uma versão simplificada da definição de procrastinação que foi criada pela acadêmica Katrin Klingsieck. Não é preciso dizer que procrastinar em nada ajuda a melhorar o desempenho no trabalho.

A procrastinação não é produtiva nem saudável. Um estudo feito por Piers Steel, da Universidade de Calgary, concluiu que ela impacta nossa vida de várias maneiras além daquelas que imaginamos, incluindo:

- Mau desempenho no trabalho;
- Sentir-se mal em relação a si mesmo;
- Perder oportunidades;
- Postergar cuidados médicos;
- Pagar uma quantia excessiva por compras.

Desse modo, se todos nós sabemos que procrastinar é ruim, por que fazemos isso? Há algumas razões:

- Falta de motivação ou ânimo, de modo que a pessoa não tem a energia necessária para começar;
- Sentir-se deprimido, ansioso ou estressado, fatores que podem levar à prostração;
- Saber ou pensar que a tarefa vai ser difícil demais;
- Achar a tarefa chata, tediosa ou enfadonha;
- Não gostar da tarefa ou achar que não vai se sentir bem ao fazê-la.

Pessoas produtivas nunca permitem que nenhum desses três motivos as impeçam de começar a trabalhar, não importa o quanto o trabalho possa ser tedioso, difícil ou desconhecido.

ENTRE EM AÇÃO

Basta começar!
Se houver algo grande que está evitando fazer ou começar, por si só, já é uma ótima maneira de quebrar o ciclo da procrastinação. Pesquisas mostram que, uma vez que tenha começado uma tarefa, você vai voltar a ela e completá-la. Não importa quanto tempo passe trabalhando nela. Basta começar e ignorar todos os sentimentos negativos associados a ela.

Pode parecer bom demais para ser verdade, mas há um motivo psicológico comprovado pelo qual "basta começar" vai ajudar a superar a procrastinação. Ele é conhecido como o efeito Zeigarnik, que é uma tendência para que trabalhos não concluídos ou interrompidos sejam lembrados de maneira bem mais proeminente do que as tarefas que foram concluídas ou aquelas que nunca foram iniciadas. Assim, em outras palavras, depois que começar, mesmo que só tenha feito uma pequena parte de seu trabalho, a necessidade de completá-la vai agir em você e fazer com que volte para concluir o trabalho.

Depois de fazer isso algumas vezes, você vai achar mais fácil começar a executar as tarefas que antes costumava evitar.

Trabalhe o seu mindset
Começar é algo que funciona, mas tente criar também um mindset mais positivo e saudável:
- Procure continuamente aspectos agradáveis e motivação em seu trabalho, e evite se concentrar demais nos pontos negativos (isso se liga com a ideia, no capítulo 12, de estar no fluxo);
- Não deixe seu trabalho fazer com que se sinta estressado.

Ao fazer essas coisas, você vai estar em uma posição melhor para enfrentar tarefas que, no passado, talvez tivesse evitado, porque um mindset positivo e energizado o prepara para encarar quaisquer trabalhos, sejam eles desafiadores ou tediosos.

15

SALVE SEU RASCUNHO E ESPERE O DIA SEGUINTE

> *"Se pelo menos eu pudesse apagar o que escrevi naquele maldito e-mail!"*

Comunicação pode parecer um tópico estranho neste livro, mas um comentário mal pensado ou ainda uma mensagem enviada por engano pode facilmente provocar um impacto bastante negativo em sua performance, assim como em seus relacionamentos. Você investe bastante tempo e energia para construir essas conexões, e a confiança que existe entre você e seus colaboradores é o óleo que faz a máquina funcionar, reduzindo os atritos e permitindo-lhe que trabalhe da melhor maneira possível.

Um comentário impensado pode derrubar toda a fileira de peças de dominó em um único momento, seja ele um comentário irônico em uma reunião ou uma resposta para um colega, mas que foi enviada indevidamente para um cliente. Está ficando cada vez mais comum que postagens em redes sociais também causem problemas. Já vi casos em que o crescimento na carreira foi refreado ou até mesmo anulado devido a comentários impulsivos feitos por meio de postagens em redes sociais.

Em instantes, reputações podem ser solidificadas ou destruídas. Por isso, certifique-se de que toma o mesmo cuidado com a sua comunicação quanto com sua lista de atividades. Sua produtividade vai desacelerar se a sua maneira de se comunicar não corresponder com o que se espera dela.

ENTRE EM AÇÃO

Reserve um tempo para esfriar a cabeça
Pessoas produtivas sabem que parar para dar uma segunda olhada, mais atenta, ao que querem dizer pode ser a diferença entre ter um

bom resultado e perder a chance de encabeçar um projeto ou receber uma promoção.

Toda a sua comunicação deve ser clara, relevante e compreensível. E, a menos que você tenha motivos muito específicos, nunca deve ser algo desmotivador, incômodo, acusatório ou desmedido.

Siga as regras de ouro:

- Sempre que responder a uma mensagem, certifique-se de que entendeu direito a sequência de mensagens anteriores. Se necessário, converse com alguém para esclarecer a situação antes de responder por escrito. Essa pode ser a diferença entre elaborar uma resposta racional e apropriada ou uma que demonstre que você nem se preocupou em tentar compreender o que as outras pessoas estão dizendo;
- Se alguém disser algo que o irrite, mantenha a boca fechada e os dedos longe do teclado. Afinal, a probabilidade de dizer a coisa errada é muito alta quando o sangue está fervendo. Espere até que suas emoções tenham esfriado antes de responder. (Ou nem mesmo responda);
- Quando quiser ter certeza de que a mensagem está elaborada e apresentada da maneira ideal, escreva um rascunho, salve-o e afaste-se dele. Volte mais tarde e releia o que escreveu. E aí decida se está bom para ser enviado ou se precisa de alterações.

16

MANTENHA SEU ESPAÇO DE TRABALHO ORGANIZADO

> *Uma escrivaninha organizada talvez não reflita uma mente organizada; no entanto, com certeza faz com que encontrar as coisas seja mais fácil.*

Você conhece a expressão que diz que uma mesa organizada é uma mente organizada? Parece ser verdade:

- Em um estudo publicado em 2019 no periódico *Building and Environment*, pesquisadores descobriram que o ambiente físico, incluindo sua organização e arrumação, impacta, de forma significativa, em sua capacidade de pensar, nas emoções e na qualidade de sua interação com outras pessoas;
- Uma área de trabalho organizada é melhor para sua saúde física, ainda mais na era pós-Covid-19, já que é muito mais fácil limpar e sanitizar uma mesa e área de trabalho que não estejam bagunçadas. Uma área de trabalho mais limpa irá ajudá-lo a ficar mais saudável;
- Um ambiente de trabalho desordenado pode até mesmo ser a causa do estresse. Pesquisas publicadas no periódico estadunidense *Environment and Behavior* estabeleceram uma conexão e descobriram que isso é uma via de mão dupla. O estresse pode fazer com que você deixe de se preocupar com a organização da sua área de trabalho — e isso, por sua vez, aumenta seu nível de estresse;
- Por fim, as pessoas com quem trabalha podem desenvolver uma opinião negativa a seu respeito se você for associado a um espaço de trabalho desorganizado. Em um estudo publicado em 2019, no periódico *Personality and Individual Differences*, pessoas que tinham escritórios bagunçados eram percebidas pelos colaboradores como menos cordiais e meticulosas.

É hora de fazer uma arrumação ao estilo de Marie Kondo. Por isso, arregace as mangas e ponha as mãos na massa. Você pode não gostar, mas pense nos benefícios que isso trará para sua produtividade.

ENTRE EM AÇÃO

Organize-se

Torne o ato de manter seu ambiente de trabalho limpo, organizado e estruturado uma parte da sua lista diária ou semanal de tarefas. Invista em um sistema de arquivamento para documentos físicos e papelada para que você e seus colegas consigam encontrar as coisas com facilidade.

Você também deve manter todos os seus arquivos digitais organizados (vamos explorar isso mais a fundo no capítulo 73).

Crie normas para ambientes de trabalho compartilhados

Se você divide o ambiente de trabalho e seus colegas estão contentes com a bagunça, vai ser preciso conversar com eles e demonstrar sua maneira de pensar. Cheguem a um acordo em relação a um conjunto simples de regras para manter a área comum de trabalho organizada, para benefício de todos.

Quebre a regra de organização

Entretanto, há um bom motivo para ter um escritório bagunçado: estimular a criatividade. Isso é fato comprovado em pesquisas, incluindo um artigo publicado em 2013, no periódico *Psychological Science*, que concluiu que pessoas em ambientes bagunçados podem ser mais criativas do que pessoas em salas muito ordenadas. Isso pode justificar a possibilidade de contar com um espaço separado para trabalhos criativos, ou permitir que a sua área de trabalho fique desorganizada especificamente para dar apoio a explosões criativas e, depois, ser novamente arrumada.

17

APRENDA COM AS ADVERSIDADES

> *Quando der de cara com uma parede,*
> *é hora de pegar sua marreta.*

Pessoas produtivas sabem que um obstáculo pode imobilizá-las com grande facilidade. Você pode estar trabalhando produtivamente até o instante que alguma coisa bloqueia seu caminho. Mas não importa se trabalhou de forma bastante inteligente em alguma tarefa até esse momento se não conseguiu concluí-la. Ouvi muitas histórias sobre pessoas que desistiram, mesmo quando trabalhavam em projetos que consideravam muito importantes:

- A designer recém-contratada que apresentou o que acreditava ser um design de produto bastante criativo a seus colaboradores. Eles responderam de maneira muito crítica na reunião, desmotivando-a e fazendo com que desistisse da ideia;
- Um amigo que trabalhava em dois empregos para conseguir juntar capital suficiente e dar entrada em um novo apartamento, mas o mercado imobiliário estava agitado demais e ele não conseguia fazer com que sua oferta fosse aceita. Como resultado, ele ficou tão frustrado que decidiu continuar alugando o imóvel onde morava;
- A filha de um vizinho que estudou com afinco durante todo o curso de graduação, mas mesmo assim tirou notas baixas nas provas do último ano. Em vez de refazê-las depois das férias de verão, ela simplesmente desistiu de concluir o curso.

Todos ficamos aborrecidos, irritados e frustrados quando nossos planos dão de cara com uma parede. Quando chega a esse ponto, outras pessoas podem simplesmente desistir, mas as pessoas produtivas fazem uma pausa para avaliar a situação. Elas buscam forças em suas reservas de determinação e persistência e continuam trabalhando para alcançar seus objetivos.

Às vezes, é claro, desistir de algo pode ser a melhor decisão, mas apenas se estiver evidente que continuar vai ser um esforço infrutífero e que não é mais possível ter sucesso. Seu desafio é decidir se esse é realmente o caso ou se o impulso de desistir se deve simplesmente ao fato de você estar irritado e frustrado.

ENTRE EM AÇÃO

Evite reações precipitadas

Quando uma de suas ideias é criticada, ou quando um de seus projetos iniciais não consegue impressionar, é muito fácil desistir. Você vai se sentir irritado e aborrecido. E, no calor do momento, é natural querer dar as costas e deixar tudo para trás. Faça uma pausa, permita a si mesmo se acalmar e apenas quando estiver com a cabeça no lugar decida se, e como, deseja continuar com aquela atividade ou projeto em particular.

Trate os obstáculos como oportunidades de aprendizado

Ser produtivo envolve evoluir e se desenvolver com o passar do tempo. E, quando tiver dificuldades com alguma tarefa, pergunte-se: "O que posso aprender com essa rejeição, fracasso ou crítica?". Explore o que seria necessário para ter sucesso. Você pode precisar mudar de foco, envolver outras pessoas, usar diferentes ferramentas ou processos de pensamento para conseguir resultados melhores.

Seja persistente

Algumas pessoas parecem simplesmente ter uma maneira de pensar que impede sua desistência. Seja algo herdado ou desenvolvido ao longo do tempo, elas sentem que é bem mais fácil continuar com seu trabalho, não importa quantos obstáculos ou adversidades possam ter enfrentado. Se você não é assim, não se preocupe. É possível treinar para se tornar uma pessoa mais determinada e persistente. Experimente essas estratégias:
- Lembre-se continuamente do motivo pelo qual deseja ter sucesso em uma tarefa difícil. Visualize os benefícios de concluir o trabalho e mantenha seu propósito sempre em mente para concluí-lo;
- Peça a alguém que o cobre. Peça a um colaborador que o apoie nessa empreitada, verificando seu progresso. E dê permissão a

essa pessoa para confrontá-lo quando você estiver considerando a possibilidade de desistir;
- Faça uma pausa durante a tarefa para conseguir se reenergizar de maneira positiva. Afaste-se mentalmente das frustrações que você possa estar sentindo. Essa pausa pode assumir a forma de passar algum tempo longe do trabalho, mas também pode ser apenas o ato de concentrar sua atenção em tarefas mais simples por um período.

18

FAÇA BOM USO DE CADA DIA

| *A vida é curta, e um só dia é ainda mais curto!*

Trabalhar durantes longos períodos, dia após dia, não vai fazer de você uma pessoa mais produtiva. Isso foi confirmado em uma pesquisa feita com 20 mil pessoas pela *Harvard Business Review* e publicada em 2019, a qual concluiu que trabalhar por mais tempo não se traduz em níveis mais altos de produtividade individual. Pessoas produtivas já sabem disso e, em vez de planejar passar dezoito horas por dia no trabalho, elas planejam, de maneira inteligente, como vão passar cada dia.

O mesmo estudo demonstrou que pessoas altamente produtivas têm três hábitos diários em comum:
- A cada dia de trabalho, elas criam uma lista de tarefas a cumprir;
- Elas administram bem todos os fluxos de informação durante o dia;
- Elas encontram tempo para interagir com outras pessoas.

Esses hábitos diários se correlacionam com outros estudos e com conselhos de pessoas bem-sucedidas, com o consenso de que, para ser produtivo, é preciso ter:
- Um plano diário que indique como o dia de trabalho vai transcorrer. Isso evita o risco de que o tempo seja desperdiçado e usado de maneira ineficiente, incluindo ser puxado em diferentes direções pelas necessidades das outras pessoas;
- Uma quantidade de rotinas produtivas que criam nitidez e certeza, e dão estrutura ao dia de trabalho.

As melhores rotinas de trabalho incluem:
- Completar imediatamente quaisquer tarefas importantes que levam apenas alguns minutos (algo que é ocasionalmente chamado de "regra dos dois minutos");

- Garantir que haja tempo para pausas e refeições, assim como tempo para se exercitar em certos momentos do dia;
- Estruturar o dia de maneira otimizada. Por exemplo: agendar todas as reuniões presenciais para o período da manhã e deixar as tardes livres para que possa se concentrar em documentação e e-mails.

ENTRE EM AÇÃO

Crie um plano de ação
Faça com que a elaboração de um plano diário de ação integre sua rotina. É você quem decide quando isso acontece. Algumas pessoas preferem completá-lo no fim do dia anterior; outros preferem que essa seja a primeira tarefa do dia. Logo antes de elaborar a minuta, reserve algum tempo para repassar o que você concluiu no dia anterior e o que ainda está pendente ou não foi finalizado.

Seu planejamento diário é mais do que simplesmente uma lista de afazeres. Ele também deve ajudar a dividir o seu dia de trabalho de modo que você possa alocar tempo suficiente para:
- Suas tarefas essenciais e superimportantes;
- Pedidos inesperados e não planejados que tomem seu tempo. Isso pode incluir reservar uma ou duas horas a cada dia para pedidos importantes e urgentes que você tipicamente recebe de seu chefe, de seus colaboradores, de clientes etc.;
- Suas rotinas importantes e preferências sobre como quer aproveitar cada dia, incluindo o tempo para seu bem-estar pessoal — exercícios, refeições, relaxar, refletir etc.

Inclua uma tarefa-chave
Como regra, planeje cada dia de modo que consiga completar pelo menos uma tarefa muito importante, ou parte de uma tarefa importante que seja mais longa. Conseguir concluir isso deve ser bem motivador, o ponto alto de seu dia.

Decida se cada dia deve ser igual ao seguinte
Pense se certos dias da semana devem ser tratados de maneira diferente e ter seus próprios planos de ação diários específicos. Por exemplo:

muitas pessoas produtivas usam suas segundas e sextas-feiras das seguintes maneiras:

- **Segunda-feira**: Como é o início da semana, a segunda-feira pode ser usada para alocar horários a fim de verificar o progresso dos membros da equipe e outros colaboradores e analisar as tarefas da semana que se inicia;
- **Sexta-feira**: Você pode usar o último dia da semana para responder a e-mails pendentes, fazer ligações ou ler artigos e relatórios que se acumularam em sua caixa de entrada.

Consulte o capítulo 76 para mais informações a respeito da realização de tarefas em lote.

19

GERENCIE SEUS E-MAILS

> Desenvolva hábitos saudáveis em relação aos seus e-mails para otimizar a produtividade.

Quando não está participando de reuniões, aposto que você passa a maior parte do tempo lendo e respondendo a e-mails. A quantidade de e-mails com a qual temos de lidar é esmagadora e, considerando o volume, não surpreende o fato de passarmos várias horas do dia ocupados lendo e redigindo e-mails:

- Uma pesquisa recente do Reino Unido realizada com 1,5 mil pessoas, a qual foi feita pela *Pure Property Finance*, descobriu que, em média, nós temos 651 e-mails não lidos em nossas caixas de entrada;
- De acordo com uma pesquisa de 2019, citada no jornal *The Guardian* do Reino Unido, todos os dias cada um de nós recebe 121 e-mails referentes a trabalho e envia outros quarenta;
- Outra pesquisa feita com mil pessoas e publicada em 2018 pela Adobe descobriu que as pessoas passavam, em média, três horas por dia ocupadas com e-mails. Essa já é uma porcentagem grande do dia de trabalho, mas a mesma pesquisa descobriu que as pessoas também passam mais de duas horas por dia ocupadas com e-mails *pessoais*.

Dedicar tanto tempo a e-mails não é algo que apenas consome o tempo, como também não é um hábito saudável. Em estudos conduzidos pela Universidade da Califórnia em Irvine e pelo Exército dos Estados Unidos, os pesquisadores que usavam monitores cardíacos concluíram que, quando as pessoas se afastam de seus e-mails, os níveis de estresse ficam significativamente menores, tornando-as capazes de se concentrarem melhor.

Considerando quanto de nosso tempo e energia são dedicados a e-mails, é lógico que, se você quiser trabalhar de maneira produtiva, vai ter de se certificar de que está trabalhando de maneira inteligente e de que tem hábitos saudáveis em relação a seus e-mails.

ENTRE EM AÇÃO

Desenvolva bons hábitos relacionados aos e-mails
Um estudo feito pela McKinsey revelou que, em média, verificamos nossas caixas de entrada de e-mail a cada 37 minutos. Isso pode ser bastante disruptivo, porque faz com que constantemente mudemos o foco entre as outras tarefas e a verificação dos e-mails recebidos. Tente limitar suas visitas à caixa de entrada a uma vez a cada duas ou três horas.

Os seguintes macetes vão ajudá-lo a desenvolver bons hábitos relacionados aos e-mails:

- **Leia seletivamente**: Tente ler somente os títulos dos e-mails não lidos para determinar quais deles realmente precisa abrir. Em seguida, faça uma nova análise, selecionando quais devem ser lidos atentamente e quais merecem somente uma "passada de olhos". Você também pode decidir que, para os e-mails que recebe "em cópia", só fazer uma passada de olhos é o suficiente;
- **Limite o tempo que passa escrevendo e-mails**: Faça um desafio a si mesmo, ponderando se pegar o telefone e fazer uma ligação seria mais rápido do que redigir uma resposta. Considere se precisa mesmo "responder a todos" ou se sequer precisa responder, quando apenas recebe um e-mail em cópia;
- **Decida se seus e-mails precisam ser arquivados**: Pense na questão do gerenciamento da caixa de entrada. Você está feliz com uma caixa de entrada única e grande na qual depende da função de busca de seu sistema de e-mail para encontrar o que está procurando? Ou será que precisa de um sistema de arquivamento ao qual pode retornar com facilidade?
- **Use seu sistema de e-mail da melhor maneira possível**: qualquer que seja o sistema de e-mail que use, procure usar todas as funcionalidades disponíveis. Peça ajuda aos colegas de TI se precisar de conselhos e dicas.

20

COMECE PELA TAREFA MAIS DIFÍCIL

> *A primeira tarefa do dia prepara você para ter uma ideia de como será sua produtividade mais tarde.*

Você tem uma escolha todas as manhãs quando começa o seu dia de trabalho: se primeiro vai encarar as vitórias mais rápidas e fáceis ou então se vai mergulhar de cabeça na tarefa mais importante e desafiadora que tem pela frente. A maioria das pessoas escolhe as vitórias fáceis, particularmente se considerarmos o fator "sentir-se bem consigo mesmo" que vem de poder riscar rapidamente os itens concluídos de sua lista de afazeres.

Esse hábito de fazer as coisas mais fáceis primeiro é conhecido como "preferência de conclusão de tarefas" e às vezes é aceitável. Mas, com frequência, não é uma opção produtiva. Em uma pesquisa publicada pela Harvard Business School em 2019, descobriu-se que médicos que trabalham em prontos-socorros se concentravam primeiro nas tarefas mais rápidas. No caso, eram os pacientes que estavam em condições menos graves. Como resultado, os pacientes em condições mais sérias, que precisavam de doses maiores de conhecimento e tempo dos médicos, tinham que esperar mais tempo. Quando chegavam até eles, era frequente os médicos já estarem cansados e sem condições de darem o melhor de si.

Pessoas altamente produtivas começam cada dia fazendo a tarefa mais difícil e mais importante que tiverem diante de si, não importando o quanto seja desafiadora, tediosa ou difícil. Essa é a tarefa na qual elas vão trabalhar primeiro. Ter clareza sobre como cada dia de trabalho vai começar também as ajuda a evitar procrastinar em relação ao que será feito primeiro.

ENTRE EM AÇÃO

Complete as tarefas importantes primeiro
Usando a "matriz de tarefas importantes e urgentes" apresentada no capítulo 6, classifique as tarefas em sua lista de afazeres entre as que são importantes e as que não são importantes. Em seguida, comece o dia concentrando-se em completar aquela que for a tarefa mais importante de sua lista. Se você tiver duas ou mais tarefas igualmente importantes, comece com aquela que parece ser a mais difícil.

Enfrentar suas tarefas mais complicadas no começo do dia significa que você vai estar com a concentração e o foco renovados para resolvê-las. Se deixá-las para mais tarde, é provável que tenha dificuldades para terminá-las antes de ir para casa — e isso significa que você não vai desfrutar da sensação agradável de completá-las.

Comece com um aquecimento
Pode ser que você relute em mergulhar em uma tarefa tão grande. Nesse caso, um rápido aquecimento com alguma tarefa menor é aceitável, mas apenas por alguns minutos. Exemplos de tarefas rápidas podem incluir verificar a caixa de entrada de e-mails e fazer uma rápida reunião com a equipe.

Para ter certeza de que essas tarefas rápidas não cresçam demais e o distraiam de dar início à tarefa mais trabalhosa, seja firme e reserve somente os primeiros trinta minutos de seu aquecimento. Em seguida, dedique o restante da sua manhã à tarefa mais difícil.

21

VIRAR OU NÃO VIRAR A NOITE TRABALHANDO

| *Cuidado com os perigos de viver no limite.*

O quanto você é "vida louca"? Se gosta de fazer tudo no último momento possível e se vira nos trinta para cumprir prazos e metas, você provavelmente se delicia com a enxurrada de adrenalina que recebe ao viver no limite. De acordo com pesquisas científicas, isso pode dar uma dose cavalar de adrenalina, assim como níveis mais altos do chamado "hormônio da felicidade", a dopamina.

Não é de se surpreender que algumas pessoas literalmente se tornem viciadas em começar qualquer tarefa quando já é quase tarde demais. Isso não se trata apenas de procrastinação. É uma escolha consciente que, surpreendentemente, traz consigo alguns benefícios:

- Quando começar o trabalho, você vai ter mais certeza de que ele realmente precisa ser feito. Não há nada pior do que terminar uma tarefa antecipadamente e descobrir que ela não é mais necessária, ou que os pré-requisitos mudaram;
- Se começar uma tarefa antecipadamente, você provavelmente vai passar mais tempo nela — o que pode melhorar a qualidade do trabalho, mas, por outro lado, você vai acabar desperdiçando mais tempo. Por outro lado, se começar mais tarde, você vai ter menos tempo para se dedicar a ela e menos tempo para desperdiçar. Isso é conhecido como a Lei de Parkinson.

Esses benefícios podem ser reais, mas também o são as desvantagens em potencial de um estilo de trabalho que inicia tudo quando os prazos estão perto de vencer:

- Você pode ficar sem tempo e perder os prazos de entrega, ou ter que fazer tudo às pressas, impactando a qualidade;

- Você pode gostar das descargas de adrenalina e dopamina, mas talvez isso não faça bem para seu corpo e mente, que podem ser impactados negativamente pelo estresse resultante;
- Você pode abalar o trabalho de seus colaboradores se suas contribuições sempre chegam no último minuto.

Todos nós temos estilos de trabalho únicos que dependem de nossas personalidades. Alguns de nós gostam de concluir as tarefas antes do prazo, enquanto outros sempre deixam tudo para a última hora. Pessoas produtivas têm noção das vantagens e desvantagens de ambos os estilos e, em vez de desenvolverem uma única maneira de trabalhar, elas variam o estilo conforme a situação.

ENTRE EM AÇÃO

Avalie os riscos
Se você é o tipo de pessoa que gosta de fazer tudo de última hora, faça isso somente com aquelas tarefas que são fáceis e cujo procedimento já é bem conhecido — ou seja, trabalhos que você sabe que pode começar perto do vencimento dos prazos e completar bem, sem qualquer risco de atrasos ou má qualidade.

Para tarefas que sejam novidade e mais complicadas, ou aquelas que você não sabe ao certo quanto tempo vai levar para serem concluídas, sempre comece a trabalhar nelas assim que possível. Isso evita os riscos de ficar sem tempo ou de ter que produzir uma solução às pressas.

Trabalhe de trás para frente em relação aos prazos.
Ao criar ou atualizar sua lista de coisas a fazer, certifique-se de incluir quaisquer prazos de entrega que forem necessários e pense com cuidado em quanto tempo você vai precisar para completar o trabalho, tendo em mente fatores como:
- O nível de complexidade;
- A necessidade de contribuição de outras pessoas;
- O quanto essa tarefa é nova e diferente daquelas com as quais está acostumado;
- O que pode dar errado;
- Os benefícios de terminar antes do esperado;

- Os riscos e penalidades de perder um prazo ou de não alcançar as expectativas de qualidade.

Então, para determinar quando vai ser necessário começar a trabalhar em cada tarefa, você pode trabalhar de trás para frente em relação aos prazos, acrescentando uma margem extra caso precise de mais tempo além do estimado. Seu modelo de lista de coisas a fazer pode se parecer com o seguinte:

Detalhes da tarefa	Tempo estimado para terminar	Data (ou horário) de início	Prazo de entrega

22

FAÇA REUNIÕES EFICIENTES

| *Seu tempo é precioso. Preserve-o com carinho.*

Quando alguém pergunta quanto às reuniões no trabalho, a maioria das pessoas diz que elas são longas demais, entediantes, desorganizadas ou malconduzidas. Estudos confirmam que muitas reuniões são uma perda de tempo.
- Em uma pesquisa publicada em 2019 pela empresa especializada em *headhunting* Korn Ferry, nos Estados Unidos, 67% dos entrevistados disseram que passavam tempo demais em reuniões presenciais e virtuais e não conseguiam desempenhar bem suas atribuições;
- Um estudo de 2014, feito pela empresa de consultoria Bain & Co., resumido pela *Harvard Business Review*, concluiu que líderes em altas posições hierárquicas passam dois dias inteiros por semana em reuniões, e que hábitos e comportamentos disfuncionais estão ficando cada vez mais comuns nelas;
- O professor Steven Rogelberg, da Universidade da Carolina do Norte, estudou a eficácia das reuniões, e a *Sloan Management Review*, do MIT, diz que apenas cerca de 50% de todas as reuniões são efetivas e envolventes.

Há muitas razões para que reuniões sejam improdutivas:
- Elas demoram demais;
- O motivo pelo qual elas estão sendo feitas não é claro;
- Há participantes demais;
- Não há uma pauta por escrito;
- Os participantes não sabem por que foram convidados;
- Certas pessoas dominam as discussões;
- As pessoas presentes na reunião acabam se distraindo;
- As discussões fogem do assunto original;
- Não há acompanhamento por meio de planos de ação ou atas;

- As pessoas erradas participam;
- Ninguém se prepara com antecedência;
- Há uma quantidade excessiva de slides;
- O coordenador da reunião não consegue controlar as discussões;
- Não se chega a nenhuma conclusão e não há acordos;
- Os participantes não dão ouvidos uns aos outros.

Com o aumento do trabalho remoto e reuniões on-line, há também os desafios adicionais de conexões lentas à internet impactando a qualidade de muitas reuniões, assim como o fato de muitos participantes deixarem a câmera desligada, dificultando o envolvimento e a sinergia.

ENTRE EM AÇÃO

Recuse convites para reuniões

Seja implacável ao administrar o que insere em sua agenda. Nunca aceite, sem avaliação prévia, convites para reuniões, mesmo quando são feitas por seu chefe e outros colegas mais experientes. Avalie os prós e contras de comparecer a qualquer reunião para a qual você seja convidado, recusando o convite quando sentir que seu tempo pode ser melhor usado de outras maneiras. O e-mail com o convite e a ferramenta de agendamento podem lhe dar informações suficientes para tomar uma decisão. Caso contrário, converse com o organizador do evento para saber mais e pergunte por que foi convidado.

Exija qualidade

Pessoas produtivas reconhecem reuniões ineficientes e evitam todas aquelas que são desnecessárias, enquanto garantem que aquelas das quais participam sejam tão bem-organizadas quanto possível. Quando estiver organizando uma reunião, garanta pessoalmente que ela seja bem planejada e coordenada. Como participante em reuniões de outras pessoas, você também pode fazer sugestões para que cada reunião seja tão produtiva quanto possível. Aqui estão algumas das melhores práticas a seguir e a exigir de qualquer organizador de reunião:
- Tenha por escrito uma pauta objetiva, declarando quais tópicos serão abordados, apresentados e discutidos, e quem vai conduzir cada tópico e por quanto tempo;

- A pauta deve ser entregue antecipadamente para todos os participantes convidados;
- Tenha uma razão explícita acerca do motivo pelo qual cada pessoa convidada precisa estar presente;
- Tenha certeza de que a reunião é dirigida de maneira que todas as ideias e opiniões possam ser apresentadas e discutidas abertamente;
- Tenha regras definidas para a reunião, como não se ocupar com várias tarefas ao mesmo tempo, a importância de prestar atenção quando os outros estiverem falando e não interromper uns aos outros;
- Garanta que a duração de cada reunião seja a ideal (o capítulo 47 explora isso em detalhes);
- Prepare uma ata e/ou plano de ação por escrito e distribua esse(s) documento(s) posteriormente (isso é explorado no capítulo 70).

23

APROVEITE SEUS PONTOS FORTES

> *Para que serve um relógio de sol se ele estiver na sombra?*

Pessoas altamente produtivas trabalham em áreas que utilizam seus pontos fortes em vez de se forçarem a depender de suas habilidades mais fracas. Se pudermos escolher, vamos preferir fazer coisas nas quais somos bons e que aproveitem nossos pontos fortes. Quem gostaria de ter dificuldade para completar tarefas que não fazem bom uso de seus talentos? Pesquisas extensas feitas pela empresa americana Gallup mostraram que esse foco em pontos fortes ajuda as pessoas a terem um desempenho melhor, além de ser menos estressante, mais motivador e mais envolvente.

Infelizmente, a maioria de nós nunca pensa naquilo em que realmente somos bons nem nunca encontramos trabalhos que capitalizam sobre nossos pontos fortes, tanto os naturais quanto os adquiridos. Em vez disso, passamos anos trabalhando em empregos que exigem que desenvolvamos e usemos habilidades que muitas vezes não possuímos naturalmente.

Por exemplo: uma vez conheci uma contadora que vivia cometendo erros em seus cálculos. Alguns anos depois, ela admitiu que não tinha aptidão para trabalhar com finanças e contabilidade, e que seus talentos estavam em outras áreas, como a comunicação com pessoas. Ela trocou de função dentro da empresa e teve bastante sucesso no departamento de atendimento ao cliente, que lhe proporcionou a oportunidade de liderar a equipe inteira. Atualmente, ao agir como mentora dos novos contratados, ela conta sua história e estimula os colaboradores mais jovens a sempre tentarem trabalhar de acordo com seus pontos fortes e talentos naturais.

ENTRE EM AÇÃO

Identifique seus pontos fortes

Antes de ser capaz de usar seus talentos naturais e adquiridos, é necessário reconhecer quais são eles. Uma maneira rápida de descobrir é perguntar às pessoas com quem você vive e trabalha quais qualidades eles enxergam como sendo suas características e qualidades mais fortes. Peça que sejam tão francos quanto possível.

Além disso, você pode tentar fazer algum dos vários testes de avaliação de personalidade ou de competências existentes na internet, cujo foco é descobrir quais são seus principais pontos fortes e talentos. Alguns dos testes mais conhecidos são:

- Wingfinder, da Red Bull;
- Inventário de Pontos Fortes (SDI test);
- Teste de pontos fortes HIGH5;
- Avaliação de talentos de Clifton.

Desenvolva novos pontos fortes

Conforme aprimora sua carreira e conquista promoções, você vai precisar desenvolver novos pontos fortes para ajudá-lo a lidar com as novas responsabilidades que surgem com cada cargo. Assim como cultivar e sustentar suas áreas existentes de expertise e talento, você pode precisar trabalhar em habilidades específicas que até então pode ter deixado de lado — ou que talvez nunca tenha considerado desenvolver e usar.

Trabalhe com os pontos fortes das outras pessoas

Prepare-se para buscar ajuda com outras pessoas, em especial quando elas podem ter habilidades que lhe faltam. Se você não é uma pessoa atenta a detalhes, tente delegar as funções de edição e revisão de documentos para um colaborador cujos pontos fortes e experiência estejam nessa área.

Não fique bitolado em seus pontos fracos

Aceite as áreas em que você pode ser mais fraco. Não há nada errado em ter áreas nas quais você possa ter pouca habilidade, ser inexperiente ou não ter talento. Se essas habilidades mais fracas e não utilizadas não são necessárias para ajudá-lo a se tornar mais produtivo, deixe-as de lado e pare de ficar bitolado com elas. Em vez disso, concentre-se em cultivar habilidades que realmente precisa desenvolver para alcançar o sucesso.

24

O PODER DA REPETIÇÃO E DO RITUAL

> Somos a soma daquilo que fazemos repetida e consistentemente.

Todos nós somos criaturas de hábitos. Prosperamos com a previsibilidade e a repetição, e cada um de nós tem seus próprios rituais, tais como assistir aos mesmos programas de TV, tomar café com os mesmos colegas, comer os mesmos alimentos em dias específicos da semana ou fazer os mesmos passeios aos fins de semana. A repetição nos ajuda a estabilizar e a nos reconfortar, dando alguma sensação de controle em relação ao mundo que está em constante mudança.

Você pode ter mais sucesso caso se concentre na repetição de atividades, em hábitos e ações úteis e produtivos ao mesmo tempo que evita aquelas que têm um impacto oposto. A seguir, cito exemplos de coisas que uma pessoa produtiva pode escolher repetir, os quais incluem:

- Levantar cedo todos os dias para meditar;
- Exercitar-se todas as manhãs;
- Reservar um tempo para si para se reenergizar;
- Ler um livro por alguns minutos todos os dias;
- Evitar, nos fins de semana, contato com e-mails e tecnologia;
- Trocar palavras positivas com seus colaboradores todos os dias;
- Preparar-se bem para todas as reuniões;
- Comer alimentos saudáveis todos os dias.

Não é tão difícil repetir hábitos que sejam fáceis de executar e causam uma sensação boa, tais como começar cada dia com um suco de fruta saudável, ignorar e-mails nos fins de semana ou ler um livro de autoajuda todas as noites. É mais desafiador repetir atividades produtivas que requerem esforços e podem parecer entediantes ou chatas. Pode ser difícil encontrar a autodisciplina e o comprometimento necessários para executar atividades como:

- Passar suas anotações a limpo depois de cada reunião;
- Manter seus e-mails e documentos arquivados corretamente;
- Atualizar sua lista de coisas a fazer ao fim de cada tarde.

Pessoas altamente produtivas sabem que nós nos tornamos aquilo que fazemos a cada dia. Elas têm a certeza de que vão conseguir repetir os hábitos e atividades certos, não importa quanto tempo isso consuma ou o quanto isso pareça entediante.

ENTRE EM AÇÃO

Desenvolva bons rituais

Observe como gasta seu tempo para identificar as coisas que repete diária ou semanalmente, desde o momento em que acorda até a hora de dormir, no fim do dia.

Faça uma lista dos hábitos e atividades para cada um. Pergunte-se até que ponto esses rituais fazem com que você se sinta bem e positivo, o quanto são saudáveis para você e de que maneira eles lhe ajudam a ser mais produtivo. Busque eliminar os hábitos que o tornam menos produtivo, reconhecendo que isso vai exigir mais esforço com os hábitos que aprecia, mas que, na realidade, são pouco saudáveis, improdutivos ou que simplesmente são perda de tempo.

Comprometa-se a repetir hábitos saudáveis

Uma vez que tenha sua lista de hábitos e rituais saudáveis e produtivos, seu desafio é comprometer-se a repeti-los com regularidade, não importa o quanto possam ser tediosos, demorados ou entediantes. Não permita que qualquer desculpa lhe impeça, tal como estar ocupado demais ou não estar se sentindo bem.

Motive-se com o pensamento de que, uma vez que começar a repetir qualquer hábito regularmente, com o passar do tempo esse hábito vai ficar mais fácil de executar. Vai ser preciso fazer menos esforço, pois eles vão se transformar em ações automáticas que estão integradas à sua natureza.

25

TENHA UM DIÁRIO DE PRODUTIVIDADE

| *O aprendizado acontece quando se faz anotações.*

Durante o projeto de se tornar mais produtivo e bem-sucedido, você vai experimentar todo tipo de macete de produtividade, incluindo os conselhos que estão neste livro. Alguns dias você vai conseguir ser mais eficaz e eficiente, mas em outros dias vai enfrentar dificuldades. É somente ao reservar algum tempo para anotar tudo que você vai conseguir não esquecer e aprender com seu esforço. Se não fizer anotações, rapidamente vai esquecer o que funcionou bem e do que não gostou, coisas como:
- A maneira que você dividiu uma tarefa grande em partes menores e mais fáceis de administrar;
- A velocidade com que completou uma tarefa difícil;
- O modo como conseguiu convencer um colaborador relutante a ajudá-lo com seu trabalho.

Manter notas em forma de diário ajuda a lembrar o que você fez e ainda pode melhorar suas habilidades de *brainstorm* e tomada de decisão. Em um estudo feito pela Universidade Estadual Ball nos Estados Unidos, e publicado no *Journal of Athletic Training*, os pesquisadores descobriram que ter um diário era uma ferramenta valiosa para explorar experiências e ações passadas, além de servir de fonte para *insights* que ajudam a superar desafios futuros.

Anotar suas atividades diárias também pode ajudar a melhorar suas habilidades de gerenciamento de tempo, que são aspecto-chave da produtividade. Conforme escrever sobre as experiências diárias de trabalho, você vai começar a perceber padrões acerca de como está usando seu tempo, os quais podem ser analisados mais a fundo. Por exemplo, poderá identificar que não está completando tantos itens de sua lista de afazeres quanto gostaria, ou um certo tipo de tarefa que sempre leva mais tempo do que o planejado.

ENTRE EM AÇÃO

Encontre um método que funcione para você
Se você sempre gostou de manter um diário por escrito, então iniciar um periódico sobre seu trabalho é uma simples extensão de seus hábitos diários de escrita. Se, por outro lado, isso lhe é algo totalmente novo, não há problema. Você não precisa escrever páginas e mais páginas de reflexões em seu diário toda semana. Fazer algumas anotações todo dia ou toda semana já é o suficiente. Você pode escrever à mão ou digitar, na hora e no lugar em que lhe seja mais fácil — em um diário ou caderno especial, na sua agenda, no seu computador ou no celular.

Para ajudar a estruturar suas reflexões por escrito, aqui estão algumas perguntas a respeito das quais você pode refletir toda vez que escrever:

- Quais tarefas completou hoje/esta semana, e com que nível de sucesso completou cada uma delas?
- Com cada tarefa, o que você aprendeu ou percebeu enquanto trabalhava nelas?
- Quais ferramentas de produtividade e macetes usou e o quanto eles foram eficazes?
- Pensando no que aconteceu, o que você poderia ter feito de forma diferente para ser mais produtivo?
- Durante o dia (ou a semana), quando você foi mais produtivo e quando foi menos? E por quê?
- Como lidou com pedidos urgentes e inesperados, assim como outras interrupções?

26

TERMINE O QUE VOCÊ COMEÇA

Tenha clareza quanto ao que você começou – e continue em frente até o fim.

Todos nós temos preferências diferentes acerca do tipo de trabalho que gostamos de fazer. Alguns gostam de começar a fazer novas tarefas, enquanto outros adoram ver as coisas progredirem até o fim. Quando você pensa em si e nas pessoas com quem trabalha, vai reconhecer esses dois estilos de trabalho que são bem comuns:

O iniciador...	O finalizador...
...Adora explorar como executar tarefas e ser aquele que planeja o que precisa ser feito.	...Fica feliz quando é convidado para usar seu tempo trabalhando em qualquer tarefa, mesmo quando isso envolve trabalhos bastante repetitivos, sem que haja um fim à vista.
...É ansioso para começar a trabalhar em suas tarefas e é muito orgulhoso quanto ao que conquistou, mesmo quando o trabalho está feito apenas pela metade.	...Fica motivado para trabalhar até o fim em qualquer coisa, e se orgulha de ter completado uma tarefa.

O erro mais comum que as pessoas cometem é ser um iniciador, e não um finalizador. Elas trabalham em tarefas, mas se afastam antes de concluírem qualquer coisa, preferindo buscar novos projetos. Pesquisas feitas pelas psicólogas Ayelet Fishbach e Minjung Koo, da Universidade de Chicago, revelaram que essa tendência de começar, mas não terminar coisas é causada por pessoas que têm um senso prematuro de conquista. Isso acontece porque a pessoa se concentra demais no que alcançou até o presente momento em vez de se motivar pelo que ainda precisa ser feito. Finalizadores tendem a se distrair menos pelos sucessos parciais e, em vez disso, continuam concentrados no que ainda precisa ser feito para que a tarefa seja completamente concluída.

Não é preciso nem dizer que, para ser uma pessoa altamente produtiva, você precisa estar pronto para adotar qualquer combinação dos dois estilos que for necessária para completar com sucesso cada trabalho.

ENTRE EM AÇÃO

Conheça a si mesmo

Observe-se quando estiver em ação para descobrir quais características de um finalizador você tem. Peça feedback aos seus colegas de trabalho quanto às observações que eles têm sobre seu padrão de começar e finalizar tarefas.

Se você ainda não tem certeza de qual é o seu padrão, ou se simplesmente deseja explorar mais a fundo e compreender suas preferências, preencha o questionário do teste de personalidade chamado Belbin Team Roles [Teste de Belbin]. Os resultados vão mostrar suas preferências em relação ao estilo de trabalho, incluindo sua pontuação no que a ferramenta de avaliação chama de "Completador Finalizador".

Reavalie suas prioridades

Quando perceber que sua atenção está sendo atraída para longe de uma tarefa importante, pare e reserve um tempo para reavaliar suas prioridades. Você pode fazer isso repassando a lista de tarefas a cumprir e lembrando-se da importância da tarefa que não está sendo finalizada. Se a tarefa pendente continua sendo importante, encontre maneiras de se compelir a investir tempo nela até que esteja concluída. Você pode tentar o seguinte:

- Pedir a um colaborador ou membro da família que lhe cobre. Essa pessoa pode conversar com você a cada dia ou semana para entender como está progredindo;
- Desativar todas as outras distrações, como as notificações, em seu computador e bloquear sua agenda;
- Trabalhar em casa ou em outro local onde você normalmente não trabalharia. Isso vai ajudá-lo a se concentrar na tarefa em questão, fazendo com que seja mais difícil para que seus colegas o encontrem e o distraiam.

27

FAZER OU NÃO FAZER VÁRIAS COISAS AO MESMO TEMPO?

> *Pessoas produtivas resistem ao impulso de fazer múltiplas tarefas ao mesmo tempo, concentrando-se em tarefas individuais.*

Ocupar-se com múltiplas tarefas pode fazer com que se *sinta* como se estivesse sendo produtivo, dando-lhe a sensação de que está completando várias tarefas ao mesmo tempo. Mas isso vai detonar seu desempenho. Pesquisas extensas mostram que esse hábito é extremamente improdutivo quando comparado a se concentrar em completar uma tarefa de cada vez. Isso acontece devido às ineficiências envolvidas em mudar de uma tarefa para outra, em especial quando as tarefas são complicadas e diferentes.

O estudo mais famoso sobre esse assunto foi publicado no *Journal of Experimental Psychology* por três pesquisadores que alegam que trabalhar em várias tarefas ao mesmo tempo pode reduzir a produtividade em até 40%. A pesquisa mostra que, conforme passamos de uma tarefa para outra, ainda mais se não estiverem relacionadas, primeiro nós temos que desativar e posteriormente ativar regras cognitivas diferentes em relação a como as completamos, uma mudança de postura que é ineficiente e que desperdiça tempo. Outros estudos chegam a conclusões similares:

- Um estudo da Universidade de Stanford, de 2009, mostrou que pessoas que executam várias tarefas ao mesmo tempo são mais desorganizadas mentalmente e que têm mais dificuldade para mudar de uma tarefa para outra;
- De acordo com uma pesquisa de 2014 feita pela Universidade de Sussex, executar várias tarefas ao mesmo tempo em diferentes aparelhos pode ser ruim para o funcionamento de seu cérebro e saúde.

Mesmo que concorde que fazer várias coisas ao mesmo tempo seja ineficiente, é difícil evitar. Em anos recentes, graças à otimização e cortes de gastos, todos nós parecemos estar mais ocupados em nossos empregos e há a expectativa de conquistarmos mais com menos recursos. Pessoas produtivas não são imunes a isso e há uma tentação natural a fazer várias coisas ao mesmo tempo, mas as pessoas de maior sucesso resistem a esse impulso e continuam concentradas em uma única tarefa por vez.

ENTRE EM AÇÃO

Tome muito cuidado ao fazer várias coisas ao mesmo tempo
De acordo com David Strayer, da Universidade de Utah, cerca de 2% dos seres humanos são o que ele chama de "superexecutores". Em estudos extensos, esses raros indivíduos têm a capacidade cognitiva de fazer várias coisas ao mesmo tempo sem sofrer qualquer declínio no seu desempenho. Se você é uma dessas pessoas, sorte a sua. Continue a agir como sempre fez. Se não for o caso, tome muito cuidado em relação a quando e onde você tenta equilibrar mais de uma tarefa ao mesmo tempo.

**Deixe de fazer várias coisas ao mesmo tempo
para se concentrar em uma só**
Reconheça quando está sendo forçado a trabalhar em múltiplas tarefas ao mesmo tempo. Anote os pedidos que têm prazos de entrega similares na sua lista de coisas a fazer. Coloque-as em ordem lógica para completá-las, garantindo que vai trabalhar em apenas uma coisa de cada vez. Se tiver que passar de uma tarefa para outra, não faça isso o tempo todo; no máximo, uma ou duas vezes por dia.

Você pode até achar que gosta de mudar o foco de uma tarefa para outra o tempo todo, e isso pode até mesmo se tornar uma espécie de vício. Isso é algo que vejo em meu trabalho de orientação profissional quando uma pessoa conversa comigo, mas não consegue parar de olhar o celular para verificar e-mails e mensagens. Se você é o tipo de pessoa que age assim, encontre maneiras de se concentrar em uma única tarefa:
- Desligue o celular ou o computador enquanto está lendo e editando a versão impressa de um longo documento ou participando de uma reunião importante;
- Feche as abas de navegação e os aplicativos, e desligue as notificações e programas quando estiver trabalhando em alguma tarefa

importante em seu computador para impedir que sua atenção seja atraída para outra coisa;
- Esconda-se em alguma sala de reuniões onde ninguém consiga encontrá-lo para que seus colegas não lhe atribuam outras tarefas.

28

DÊ UM TEMPO AO CELULAR

> Os celulares podem ser nossos maiores amigos...
> e também nossos piores inimigos!

Culpe a dopamina, mas todo mundo parece estar viciado no próprio aparelho. Passageiros no transporte público estão com os olhos vidrados neles. Pedestres esbarram uns nos outros porque estão caminhando e rolando a tela ao mesmo tempo. E até mesmo motoristas mandam mensagens enquanto dirigem.

Muitos de nós usamos o celular constantemente porque nosso cérebro nos força a fazer atividades cujo foco é o prazer, tais como verificar os comentários e curtidas em nossas postagens nas redes sociais, mandar e enviar respostas a mensagens e procurar respostas na internet. Há até mesmo um nome para o medo que as pessoas sentem de não terem acesso ao celular: nomofobia.

E as pesquisas confirmam aquilo que você já deve imaginar: não é possível ser produtivo se levar para o trabalho o vício de usar celular.
- O desperdício de tempo é um grande problema. Uma pesquisa feita com mais de mil pessoas pela Screen Education descobriu que, em média, um funcionário passa mais de duas horas por dia acessando conteúdos digitais que não têm nada a ver com o trabalho;
- Esse mesmo estudo descobriu que 14% dos entrevistados conheciam pelo menos um acidente, às vezes até mesmo mais sério, causado por um colega que estava distraído enquanto usava o celular;
- Um estudo da Universidade do Estado da Flórida, publicado em 2015, mostrou que até mesmo o simples recebimento de uma notificação de mensagem no celular é suficiente para reduzir significativamente sua capacidade de se concentrar no trabalho.

De acordo com um estudo da Universidade do Texas, em Austin, publicado no *Journal of the Association for Consumer Research*, mesmo quando o celular está no modo silencioso ou desligado, ele pode distraí-lo do trabalho. Pesquisadores descobriram que, o simples fato de estar ao alcance da mão, o celular pode ser uma distração mental.

ENTRE EM AÇÃO

Desligue o aparelho
Do ponto de vista da produtividade, o comportamento ideal seria deixar o celular em casa ao sair para trabalhar — ou, se você trabalha em casa, deixá-lo desligado longe de seu espaço de trabalho.

Mas isso é impossível para a maioria de nós. Celulares se tornaram o principal modo de comunicação pessoal — desde a escola de seus filhos que liga para comunicar uma emergência até algum colega de trabalho com notícias urgentes para compartilhar. Além de tudo isso, há uma expectativa cada vez maior de trabalharmos em nossos próprios celulares, respondendo a e-mails, participando de reuniões via Zoom ou Teams ou estar no grupo do WhatsApp de seu departamento. Por isso, se você não conseguir esconder seu celular nem deixá-lo desligado, tente os seguintes macetes de produtividade:

- Durante reuniões importantes, ou quando quiser evitar distrações não essenciais, desligue o acesso à internet colocando o telefone no "modo avião". Você ainda vai poder receber telefonemas e mensagens SMS, mas vai minimizar outras distrações;
- Adote o modo de trabalho à moda antiga e use um telefone tradicional no trabalho, de modo a não ter acesso à internet ou conectividade;
- Desligue as notificações e o som do celular, a menos que tenha 100% de certeza de que realmente precisa ver quaisquer mensagens assim que sejam recebidas;
- Remova do celular que usa para trabalhar aplicativos de redes sociais e outros que possam causar distrações.

29

DIVIDA TAREFAS GRANDES EM PARCELAS MENORES

Aja como um alpinista do monte Everest: comece no acampamento-base e prossiga a partir dali.

Às vezes, objetivos e metas são simplesmente grandes e complicados demais para que sejam resolvidos em uma única tacada. Faz mais sentido fragmentá-los em parcelas menores e mais fáceis de administrar. Cada uma dessas tarefas menores é um passo rumo a uma meta maior e mais geral. Isso é altamente produtivo porque fracionar qualquer tarefa maior em pequenas parcelas acaba por simplificar o trabalho, fazendo com que ele pareça...

• ... Menos intimidador. Tentar alcançar o cume do Monte Everest é algo bastante intimidador. Mas, quando a tarefa é fracionada em seus componentes individuais — ir de um ponto de acampamento até o seguinte antes de tentar alcançar o topo —, ela se torna mais palatável. O mesmo tipo de pensamento pode ser usado com qualquer objetivo grande;

• ... Ser mais administrável mentalmente. Nosso cérebro não é capaz de trabalhar em uma tarefa que seja complexa demais, considerando que a parte dele que usamos para tarefas mentais é limitada. De acordo com um estudo de 2010 publicado no periódico *Current Directions in Psychological Science*, o cérebro só é capaz de lembrar entre três e cinco coisas diferentes. No caso de tarefas grandes e complicadas, pode ser muito difícil entender o que tem que ser feito e visualizar como a tarefa vai ser completada;

• ... Mais motivador. Ao fracionar uma tarefa em metas mais racionais, você vai conseguir celebrar "vitórias" regulares conforme alcança cada um dos marcos de progresso menores. Consegue imaginar os montanhistas celebrando a chegada a cada um dos pontos de acampamento do monte Everest no caminho até o topo? Exatamente;

- ... Mais eficiente. Especialistas em produtividade concordam que fracionar tarefas em partes menores é a maneira mais eficiente de finalizar o trabalho. A cada tarefa menor, você pode planejar e alocar recursos de maneiras melhores, incluindo tempo e pessoas. Isso é lógico e pertinente às melhores práticas de gerenciamento atuais, incluindo as metodologias ágil e em cascata.

ENTRE EM AÇÃO

Torne-se especialista em planejamento de tarefas

Com qualquer meta ou tarefa, decida se será mais fácil e mais produtivo dividi-la em tarefas menores ou se ela deve continuar sendo encarada como uma única tarefa. Para determinar a resposta, é necessário entender o que é preciso para completar a tarefa geral em termos de complexidade, recursos, processos e resultados. Por exemplo: o objetivo de criar a versão final deste livro se divide em várias tarefas diferentes — desde concordar em relação ao foco do livro até criar a estrutura, escrever a primeira versão do conteúdo, revisar e editar, diagramar, imprimir e, finalmente, distribuí-lo para livrarias e fazer com que esteja disponível para vendas na internet.

Como regra geral, se uma tarefa requer um longo tempo e envolve vários processos e pessoas, ela deve ser fracionada em partes menores.

Mapeie as tarefas menores

Para isso, é importante decidir se a quantidade de tarefas menores e seus respectivos prazos de entrega precisam ser completados em sequência ou se podem ser concluídos simultaneamente. Uma ferramenta útil para ajudar a mapear o tempo necessário de cada uma dessas diferentes tarefas é um diagrama de Gantt. Essas tabelas listam as tarefas no eixo vertical e intervalos de tempo no eixo horizontal. Para cada tarefa, você pode mostrar o período que ela vai levar para ser completada.

30

ABRACE A ERGONOMIA

> *Invista nos equipamentos certos para alcançar o melhor desempenho.*

A maioria de nós já sofremos com dores nas costas, latejar nos pulsos ou olhos palpitando pelo cansaço que derivam de passar tempo demais trabalhando em cadeiras desconfortáveis, ficar encarando a tela do computador e usar um teclado com a altura errada. Se você nunca passou por nenhum desses sintomas, então tem muita sorte, porque a maioria dos equipamentos e dos móveis não é tão saudável e confortável quanto deveria. Não é algo ergonomicamente eficiente. A ergonomia é o campo que estuda o impacto e a necessidade do desenho apropriado em ambientes onde vivemos e trabalhamos.

Há muitas pesquisas que mostram que trabalhar com equipamento e móveis errados pode fazer mal à saúde e à produtividade. Um amplo estudo publicado no *Journal of Safety Research*, em 2008, analisou 250 estudos de casos diferentes a respeito do impacto de melhorar um ambiente de trabalho ergonomicamente — por exemplo, com o uso de melhores cadeiras, mesas e alturas de tela para os computadores. A conclusão do estudo foi que essas melhorias levaram a:

- Uma redução de problemas musculoesqueléticos relacionados a trabalho;
- Um menor absentismo devido a problemas de saúde e acionamentos de seguro-saúde;
- Queda na rotatividade de funcionários e no absentismo;
- Aumentos na produtividade.

Investir em cadeira, iluminação ou mesa mais adequadas para o escritório é uma maneira rápida de consertar o que está errado, e os custos serão compensados por meio de melhor saúde — o que, por sua vez, leva a melhorias no desempenho dos profissionais.

ENTRE EM AÇÃO

Dê um upgrade em seu ambiente de trabalho
O equipamento mais importante é a cadeira. Uma cadeira ergonômica pode causar impacto enorme em sua saúde e desempenho profissional. Escolha uma cadeira que:

- Seja ajustável, de modo que possa escolher a altura do assento e que a sola de seus pés esteja em contato com o chão, as coxas fiquem alinhadas horizontalmente e seus braços estejam na mesma linha da altura da mesa;
- Tenha bom apoio lombar para a região inferior das costas, assim como apoio para a parte superior e o pescoço;
- Possa girar, de modo que você possa virar de um lado para outro sem fazer esforços desnecessários.

Se possível, use também uma mesa com altura ajustável para que, quando estiver sentado com os pés tocando o chão, seus braços possam descansar de maneira confortável sobre a mesa. Às vezes você pode erguer sua escrivaninha para que possa se alternar entre ficar em pé e sentado. A importância de ficar em pé para melhorar a produtividade é explorada no capítulo 61. Além da sua cadeira e da mesa de trabalho, você deve:

- Ter certeza de que a tela de seu computador está na mesma altura de sua cabeça, de modo que não tenha que olhar para cima nem para baixo e correr o risco de lesionar o pescoço;
- Ter um teclado separado que fique na sua escrivaninha, assim como um mouse ergonômico para evitar lesões nas mãos e nos punhos;
- Otimizar a iluminação na sua área de trabalho e garantir que a tela do computador não tenha reflexos, o que pode exigir esforço extra dos olhos.

31

PARE DE PROMETER COISAS DEMAIS

| *Não ofereça mais do que é capaz de entregar.*

Ninguém gosta quando um amigo ou colega se compromete a fazer alguma coisa dentro de um determinado prazo e acaba esquecendo, fazendo as coisas sem cuidado ou terminando mais tarde do que o prometido. Quando isso acontece, fica a sensação de que a pessoa não se importa, que é preguiçosa, ineficiente, improdutiva e que pode até mesmo não ser digna de confiança.

É muito importante para seu sucesso atingir as expectativas e ser visto como alguém confiável que faz aquilo que se compromete a fazer. Não importa o quanto você seja produtivo em outros aspectos de seu trabalho; deixar de cumprir suas promessas pode levar a oportunidades perdidas, relacionamentos prejudicados e até a manchas na carreira.

Para ter sucesso não é nem mesmo preciso exceder expectativas, mas precisa ao menos atingi-las. Isso foi confirmado em uma pesquisa publicada em 2014, no periódico *Social Psychological and Personality Science*, em que acadêmicos das universidades de San Diego e Chicago concluíram que não cumprir promessas é algo muito custoso, mas exceder o que foi prometido traz poucos benefícios.

Pense nisso como se estivesse planejando a entrega de algum produto na sua casa. Você está esperando que o pacote chegue em determinado horário e se planeja para isso. No entanto, se a encomenda atrasar, vai ficar muito irritado e, se ela chegar antes do prazo, talvez não fique tão grato.

Assim, em vez de tentar prometer menos ou querer entregar mais, comece garantindo apenas que vai fazer aquilo com que se comprometeu, nunca entregando nada fora do prazo ou com um nível de qualidade menor do que o esperado.

ENTRE EM AÇÃO

Evite dizer "sim" quando quer dizer "não"
Evite a tendência de concordar com cronogramas ou cargas de trabalho que sabe que não é capaz de cumprir só para evitar uma conversa difícil. É melhor ser honesto hoje, estabelecendo limites, do que ver sua reputação ser afetada mais tarde quando perder um prazo que sabia que não podia cumprir.

Não faz mal se você entregar o trabalho com uma certa folga no prazo. Isso mostra que está trabalhando bem e que estabelece expectativas razoáveis. Mas não exagere. Se você repetidamente cumprir prazos e cronogramas com muita antecedência, isso vai confundir as pessoas, que vão concluir que você está fazendo joguinhos ou que há algo errado com seu planejamento.

Estabeleça promessas com vantagens para todos os lados
Ao negociar prazos, seja franco com o chefe ou cliente a respeito da base e das premissas por trás de seus cálculos. Talvez você queira ser muito franco, expondo o tamanho da margem de segurança ou tempo extra que está incluído na estimativa.

Se você não tem certeza sobre a dificuldade que vai ter para completar uma tarefa e não for capaz de estimar um prazo definitivo, seja sincero em relação a isso também. Você pode se comprometer a completar o trabalho o mais rápido possível e concordar em fazer relatórios parciais frequentes para que o progresso seja avaliado.

32

SIGA A REGRA
DAS DUAS PIZZAS

> *Se para ser ouvido em uma reunião com a equipe você tiver de gritar, isso é sinal de que sua equipe é grande demais.*

Ao trabalhar em equipe, vai haver dificuldades para ser produtivo se a equipe for grande demais. Não existe um tamanho único mágico, embora Jeff Bezos, fundador da *Amazon*, tenha recebido o crédito por ter dito que o ideal é limitar o número de pessoas em qualquer equipe de modo que elas possam ser alimentadas com duas pizzas.

Dependendo da ambição e da fome da equipe, qualquer número entre três e doze pessoas ficaria feliz com duas pizzas, e esses números estão relacionados com o pesquisador mais citado nessa área, o falecido J. Richard Hackman. Enquanto trabalhava em Harvard, ele concluiu que, para a maioria das tarefas, o melhor tamanho de uma equipe contém seis pessoas, e que nenhuma equipe deve ter mais do que dez. Quando isso acontece, problemas de desempenho tendem a crescer exponencialmente. Outra pesquisa acerca do tamanho de equipes, essa feita por Caroline Aubé, Vincent Rousseau e Sébastien Tremblay, chegou à mesma conclusão, revelando que equipes pequenas têm melhores resultados de trabalho.

A maioria das pessoas que trabalham em qualquer tipo de equipe provavelmente concordam que é mais fácil trabalhar com um grupo menor de pessoas do que com um maior. Os aspectos positivos de equipes menores incluem:

- Maior rapidez para compartilhar informações;
- Maior facilidade para discutir ideias;
- Todos os membros conhecem bem seus colegas;
- A tomada de decisão é mais eficiente;
- Ter menos pessoas resulta em menos discordâncias e conflitos;
- Reuniões com a equipe podem ser breves e mais focadas;

- É mais fácil para o líder da equipe trabalhar com cada membro;
- Há menos pessoas para criar grupos e "panelinhas";
- É mais fácil avaliar as responsabilidades de cada colaborador, já que ninguém pode se esconder com facilidade.

Todos esses exemplos de impactos de se trabalhar em uma equipe pequena resultam em melhor produtividade e desempenho para a equipe. É por isso que você deve sempre tomar cuidado ao liderar ou criar uma equipe para, assim, garantir que ela tenha o melhor tamanho.

ENTRE EM AÇÃO

Compreenda as necessidades da equipe
Quando você é parte de, ou quando lidera, uma equipe muito grande — digamos, com quinze ou vinte pessoas —, não trate esse grupo da mesma maneira que faria um grupo menor. As coisas vão ser diferentes, a começar pelo fato de que você talvez não consiga colocar todos ao redor da mesma mesa de reuniões para fazer o que precisa ser feito. Muito da comunicação face a face com a equipe pode ser mais parecido com uma reunião na prefeitura da cidade.

Nessas situações, preste atenção e esteja disposto a encarar os problemas que surgem devido ao tamanho da equipe. Estes podem facilmente ter um efeito prejudicial no desempenho geral da equipe, assim como na sua. Exemplos comuns incluem:

- Leva mais tempo para compartilhar ou reunir informações de todos os membros;
- Acompanhamentos individuais podem acontecer com menos frequência;
- Pode ser difícil conhecer bem todos os colaboradores;
- Pode ser desafiador lembrar quem está encarregado de fazer o quê, em termos de cargos e responsabilidades;
- A tomada de decisão coletiva e sua implementação pode ser mais lenta;
- Pode haver tensões, discordâncias ou conflitos entre membros da equipe;
- Reuniões podem se tornar muito longas caso seja necessário ouvir a opinião de todos.

Crie equipes dentro da sua equipe
Assim como no capítulo 29 que falamos sobre fracionar grandes tarefas em projetos menores, divida sua equipe em subgrupos caso esteja liderando um time muito grande. Esses subgrupos compostos de seis a dez pessoas podem ser incumbidos de trabalhos específicos e funcionar como equipes de tamanho otimizado, com seus próprios líderes que respondem a você. Se tudo der certo, essas equipes vão estar livres das ineficiências que podem surgir quando uma equipe é grande demais.

33

ESTABELEÇA METAS SMART

| *Um objetivo vago não é nada mais do que um devaneio.*

O segredo para a produtividade bem-sucedida é ser claro a respeito do que você precisa conquistar e garantir que qualquer meta estabelecida (para você mesmo ou para outras pessoas) seja tão clara e detalhada quanto possível.

Você provavelmente já ouviu o ditado: "Se não sabe para onde está indo, como vai saber se chegou lá?". É essa a sensação que pode surgir quando se persegue metas que são simples e vagas demais, comparadas com metas mais estruturadas e detalhadas. Os exemplos a seguir demonstram isso:

Metas expressadas de maneira muito simples	Os mesmos objetivos declarados novamente, mas com mais detalhes
Vamos levar astronautas a Marte.	Neste ano vamos começar a desenvolver a tecnologia necessária e a capacidade das pessoas para fazer a primeira missão tripulada até a superfície de Marte, de modo a pousar no planeta em um prazo de dez anos.

Queremos ampliar nossos negócios.	Nos próximos quatro anos, queremos ampliar o tamanho da nossa empresa em 500% (em termos de receita) através da exploração de novos mercados, da abertura de uma nova fábrica e com a expansão das nossas ofertas on-line.
Quero desenvolver minhas habilidades relacionadas à tecnologia.	Para otimizar meu desempenho e as oportunidades na carreira, vou passar a próxima semana mapeando precisamente quais são as habilidades e conhecimentos relacionados à tecnologia que preciso dominar. Depois, vou encontrar os cursos e treinamentos ideais, assim como as melhores ferramentas de aprendizado.

Uma meta descrita de maneira simples pode ser muito útil como visão ou propósito para reunir pessoas que apoiam sua mensagem ou causa. A NASA pode muito bem anunciar que quer levar astronautas a Marte, mas para fazer isso acontecer eles vão precisar de uma meta mais detalhada e abrangente, com objetivos parciais que precisam ser alcançados. Esses objetivos mais detalhados devem ser designados como objetivos SMART (inteligentes, em inglês) e CLEAR (claros, em inglês).

ENTRE EM AÇÃO

Transforme todos os objetivos em objetivos SMART
Um objetivo SMART é específico, mensurável, alcançável, realista e temporal. Começando hoje mesmo, sempre que for criar planos, objetivos e alvos, garanta que estes sejam SMART.

- **Garanta que sejam Sintetizados**: o objetivo deve ser descrito de maneira clara, de modo que todos consigam entender com facilidade o que se espera. Ao criar objetivos para que uma equipe trabalhe em conjunto, faça com que a descrição do objetivo seja tão específica quanto for possível;
- **Garanta que sejam Mensuráveis**: pergunte-se como é possível mensurar precisamente o objetivo para verificar se ele está sendo alcançado. Vai ser mais fácil criar métricas de mensuração se a meta é objetiva e factual, em vez de vaga e subjetiva;
- **Garanta que sejam Alcançáveis**: garanta que qualquer objetivo estabelecido possa ser alcançado, pois há pouco valor em criar metas inatingíveis para si ou para outras pessoas. Fazer isso é desmotivador e, provavelmente, também uma perda de tempo;
- **Garanta que sejam Realistas**: objetivos realistas são similares a objetivos que são alcançáveis. Seus objetivos devem ser sensatos, relevantes e realisticamente relacionados a seu trabalho e áreas de responsabilidade;
- **Garanta que sejam Temporais**: você precisa estabelecer prazos realistas para definir quando uma tarefa vai ser concluída. Se tiver prazos, você pode avaliar continuamente se está adiantado ou atrasado no cronograma e fazer os ajustes necessários.

Embora esse processo de estabelecimento de metas possa parecer um pouco complicado, uma vez que você começar a criar objetivos desta maneira as coisas vão ficar mais fáceis com a prática.

34

GARANTA QUE SUAS METAS ESTEJAM DE ACORDO COM OS MÉTODOS PURE E CLEAR

| *Metas claras levam a sucessos maiores.*

No mundo ágil e cheio de mudanças rápidas de hoje em dia, todos nós somos encorajados a agir de maneira mais sustentável e ética e a nos guiarmos movidos por algum propósito. Isso deve ser refletido nas metas que você estabelece para si e também para outras pessoas. Para refletir essas expectativas em seu estabelecimento de metas, além de estarem de acordo com a metodologia SMART, suas metas também devem aderir aos princípios dos métodos PURE (puro, em inglês) e CLEAR. Esses acrônimos relacionados ao estabelecimento de metas foram criados pelo coach de liderança e escritor Sir John Whitmore.

A metodologia PURE ajuda a garantir que você está estabelecendo metas pelas razões certas, e quando são descritas de acordo com a PURE, tais metas devem ser positivas, compreensíveis, relevantes e éticas:

- Ser **positivo** significa que as metas objetivam criar um resultado positivo, em vez de simplesmente evitarem que algo ruim aconteça;
- Todos os envolvidos no trabalho para alcançar as metas devem poder **compreendê-las** (*understand*, em inglês) claramente;
- Além de serem realistas, suas metas devem ser **relevantes** para aquilo que você e sua equipe são competentes e treinados para fazer;
- Trabalhar para alcançar suas metas nunca deve ser algo que afronte você ou qualquer outra pessoa **eticamente**.

Estabelecer metas de acordo com o método CLEAR garante que elas são aceitáveis para as pessoas impactadas pelo alcance das metas. As metas devem ser desafiadoras, legais, ambientalmente corretas, aceitáveis e registradas.

- Para motivar e ajudar você e seus colaboradores a crescerem, suas metas devem ser **desafiadoras** (*challenging*, em inglês);
- Assim como qualquer meta que estabeleça deve ser ética, ela também deve ser **legal**;
- Seus objetivos devem ser **ecologicamente adequados** e não fazer com que nenhum recurso seja desperdiçado, nem que o meio ambiente seja impactado de qualquer maneira negativa;
- Se precisar da ajuda de outras pessoas para alcançar seus objetivos, você deve garantir que elas **aceitem** a meta e com a maneira pela qual será alcançada;
- Pessoas produtivas sempre se certificam de que suas metas estão **registradas** por escrito para que qualquer pessoa possa consultá-las de acordo com a necessidade.

ENTRE EM AÇÃO

Garanta que suas metas estão de acordo com o método PURE...

- **P**: Garanta que sua meta descreve positivamente aquilo que se deseja alcançar em vez de descrever algo que se gostaria de evitar. Como exemplo, é melhor dizer que você quer criar um excelente relatório, o qual seja bem abrangente e perfeitamente redigido, do que dizer que a meta é criar um relatório que não contenha erros;
- **U**: Para garantir que as pessoas relevantes entendam sua meta, mostre-lhes uma versão por escrito e peça-lhes que descrevam aquilo que entenderam. A partir das respostas você vai saber se a descrição da sua meta está pouco clara e se precisa de revisão;
- **R**: Pense cuidadosamente em quais habilidades e recursos serão necessários para completar as tarefas da meta e garanta que qualquer pessoa que esteja trabalhando neles, incluindo você, tenham os recursos de que precisam para conseguir fazer isso com sucesso;
- **E**: Garanta que a meta possa ser alcançada sem precisar quebrar regras, cortar despesas importantes, trapacear ou mentir.

... E com o CLEAR

- **C**: Reconheça que, quando uma meta não é nem um pouco desafiadora, pode acabar sendo bastante entediante e desmotivadora. Por outro lado, uma meta difícil demais pode ter o impacto oposto.

- **L:** É importante garantir que sua meta não faça com que ninguém aja contra a lei para alcançá-la. Peça conselhos a outras pessoas, incluindo advogados, se houver possibilidade de que isso aconteça.
- **E:** Com qualquer meta relacionada a trabalho, é importante poder alcançá-la causando o menor impacto possível no meio ambiente. Qualquer meta deve ser planejada da maneira mais sustentável e neutra em emissões de carbono possível.
- **A:** A maneira mais fácil de descobrir se sua equipe ou colaboradores concordam com uma meta é perguntar a eles e escutar bem o que têm a dizer.
- **R:** Considere como você vai anotar e registrar os detalhes das suas metas. Pode ser por meio de atas das reuniões entre os membros da equipe, em um e-mail enviado para os colegas ou compartilhado por meio de alguma ferramenta de colaboração on-line.

35

NUNCA EVITE
OS TRABALHOS CHATOS

Valorize seu trabalho – tanto o que há de bom quanto o que há de ruim – e sempre dê o melhor de si.

Ser seletivo em relação ao que faz e evitar as coisas de que não gosta podem ser fatores muito tentadores. É uma característica típica do ser humano querer trabalhar em coisas que o interessam, empolgam e motivam, ao mesmo tempo que ignoram as partes mais tediosas, repetitivas ou chatas.

Não há problemas se o trabalho que você está evitando pode ser feito por outras pessoas ou simplesmente esquecido. Mas sempre haverá algo importante que apenas você é capaz de completar, por exemplo:
- Rearquivar ou organizar uma grande quantidade de materiais impressos ou digitais que você criou e que outras pessoas têm dificuldade para entender;
- Editar um longo relatório que, devido ao conteúdo complicado, seus colaboradores achariam bastante difícil de fazer;
- Inserir uma grande quantidade de dados em um sistema on-line quando não há ninguém disponível para lhe ajudar.

Pessoas produtivas têm consistência em relação a como encaram o trabalho, reconhecendo que todas as tarefas importantes devem receber a mesma atenção e foco, não importa o quanto pareçam ser interessantes ou entediantes. Elas vão priorizar seu tempo e a concentração de acordo com o valor e a importância de cada tarefa em sua lista de afazeres, e nunca no quanto elas são divertidas ou interessantes.

Isso muda ligeiramente quando analisamos no longo prazo. Assim, guiar a situação para poder trabalhar com as coisas pelas quais você é apaixonado e desenvolver planos e previsões orçamentários que lhe dão a possibilidade de delegar, automatizar ou eliminar trabalhos que considera entediantes, chatos ou repetitivos é aceitável. Mas isso tem que estar equilibrado com as prioridades que existem aqui e agora.

ENTRE EM AÇÃO

Comece
Há muita sabedoria na expressão "só vai e faz". Quando se deparar com uma enorme pilha de pratos sujos esperando para serem lavados ou com centenas de páginas de um documento que precisa ser editado, você tem a opção de ignorar o trabalho e enfrentar as consequências, ou colocar as mãos na massa.

Caso se jogue nas tarefas com uma atitude positiva e com concentração, vai ficar surpreso com a facilidade com a qual é possível esquecer que esse trabalho não é tão entediante ou repetitivo quanto imaginou que seria.

Faça do jeito certo
Não gostar de uma tarefa não é desculpa para completá-la sem cuidado e atenção. Com tarefas entediantes ou que não está acostumado, pode ser tentador evitar os detalhes, fazer tudo às pressas e não se preocupar em verificar a qualidade do trabalho. Sim, você pode ter riscado rapidamente essas atividades da sua lista, mas não está trabalhando de maneira altamente produtiva.

Delegue e terceirize
A solução óbvia para qualquer tarefa que você gostaria de evitar é encontrar outra maneira de realizá-la que seja ao mesmo tempo inteligente e viável:
- Quando o trabalho está dentro de sua área de responsabilidade, sempre tente realizá-lo pelo menos uma vez. Isso lhe dá a compreensão acerca do que é necessário para concluir a tarefa e como ela pode ser executada direito;
- Você pode então decidir se quer delegá-la ou passá-la a outras pessoas — e isso pode fazer com que você treine alguém ou aja como mentor. Trabalhem juntos, se necessário. Assim, podem terminar o trabalho na metade do tempo;
- Você também pode explorar como essas tarefas e seus processos de trabalho relacionados podem ser terceirizados, automatizados

ou pelo menos reduzidos de modo que haja uma quantidade menor de atividades vistas como "trabalhos de merda", deixando que você tenha mais tempo para dedicar àquilo que ama. O capítulo 46 explora o tópico da automação de processos.

36

TRABALHE COM A REGRA 80-20

> 80% dos seus resultados advêm de apenas 20% do seu trabalho.

De acordo com o Princípio de Pareto, cerca de 80% dos seus resultados vêm de apenas 20% do seu esforço. Isso pode representar 80% das vendas de uma empresa que vêm de 20% de seus clientes, ou 80% da performance de uma equipe que são resultados do esforço de 20% de seus membros.

Embora a proporção quase nunca vai se dividir exatamente entre 80% e 20%, o princípio 80/20, ou a regra 80/20, mostra que, se você analisar bem, sempre vai encontrar exemplos desse desequilíbrio entre o tempo e o esforço investidos e os resultados produzidos:

- 70% das ideias da sua equipe podem vir de apenas 20% dos membros da equipe;
- 85% dos seus novos clientes podem ser captados de apenas 30% de suas ligações de prospecção;
- 25% dos seus funcionários podem ser responsáveis pela criação de 90% dos produtos livres de erros;
- 20% das suas postagens em redes sociais podem gerar 80% das reações desejadas entre os seguidores.

Reconhecer que uma pequena parcela do que você faz pode ser responsável por produzir a maior parte dos seus resultados é uma ferramenta importante em seu arsenal de produtividade. Você pode usar esse *insight* para maximizar seu desempenho. É possível explorar questões como:

- Se apenas 25% dos meus clientes geram 90% das minhas vendas, é produtivo reter os outros 75%?

- Se 30% dos meus funcionários geram 75% dos meus resultados, como eu deveria treinar o restante da equipe para que eles consigam emular o desempenho dos primeiros?
- O que posso aprender com os 50% mais produtivos do meu dia de trabalho e o que posso aplicar nos outros 50%?

ENTRE EM AÇÃO

Entenda sua própria proporção 80-20
Identifique os 20% do seu esforço que estão produzindo 80% dos seus resultados. Não se preocupe com as porcentagens exatas. Pense nas pequenas coisas que você faz que geram os maiores resultados, ou aborde a questão de maneira inversa ao identificar onde está fazendo muito esforço e conseguindo resultados mínimos. Uma maneira de fazer isso é olhar para as tarefas que você sempre repete e que ocupam uma grande parte de seu tempo. Você provavelmente vai descobrir alguns padrões:
- Desenvolvimento de negócios: 15% das ligações de telemarketing para seus clientes geram todos os novos pedidos de produtos;
- Reuniões: somente cerca de 30% das reuniões das quais você participa são úteis e produtivas;
- Marketing: 20% das postagens em seu blog recebem 90% das curtidas e compartilhamentos do conteúdo do site;
- Administração de e-mails: somente 20% dos seus e-mails realmente precisam ser lidos e respondidos.

Aprenda com os 20% principais
Pense em como pode investir mais tempo nos elementos mais produtivos de seu trabalho e no que pode reduzir. Por meio de uma combinação de observação, recebimento de feedback e engenharia reversa, tente aprender o que esses 20% principais lhe dizem sobre:
- Suas sessões de *brainstorm* ou reuniões mais produtivas;
- Os membros da sua equipe com os melhores desempenhos;
- Suas campanhas de marketing mais populares;
- Suas atividades bem-sucedidas de desenvolvimento de negócios.

Determine o que funciona bem e assim vai saber o que deveria fazer com mais frequência, copiar, repetir e/ou replicar.

37

APRENDA A SE CONCENTRAR

> A tecnologia, com suas distrações,
> está matando silenciosamente a produtividade.

Em uma pesquisa feita pela Udemy Research, intitulada "O Relatório de Distrações no Ambiente de Trabalho em 2018", 70% dos entrevistados disseram que são distraídos com frequência no trabalho, com 50% deles dizendo que, como resultado, são significativamente menos produtivos.

Devido à própria natureza, distrações podem ser prazerosas e gratificantes, mas podem ter um impacto negativo, já que:

- Elas podem criar estresse e ansiedade, fazendo com que você perca tempo, tenha que correr para cumprir prazos e não tenha o tempo necessário para produzir trabalho com o nível de qualidade desejado;
- Elas desperdiçam sua energia, fazendo com que sua concentração e atenção se dispersem.

Neste livro há capítulos específicos a respeito de como evitar distrações, seja no celular ou na internet (capítulo 28 e capítulo 75, respectivamente), mas o presente capítulo trata especificamente do poder do foco. O foco é uma capacidade que pode ser desenvolvida ao aumentar sua capacidade de se concentrar e prestar atenção. Maximizar seu foco vai lhe trazer dividendos gigantescos em termos de produtividade. Na próxima página você vai aprender como isso funciona.

ENTRE EM AÇÃO

Foco concreto
Tente restringir seu foco a algumas poucas intenções e objetivos principais. Warren Buffet é citado com frequência por ter dito que as pessoas

só deveriam se concentrar em seus cinco principais objetivos e ignorar todo o resto, e que a sua lista de afazeres deve conter apenas esses itens.

Use os seguintes macetes para manter o foco:

- **Faça pausas**: faça pausas curtas e regulares durante o dia de trabalho. Pesquisas da Universidade de Illinois em Urbana-Champaign, publicadas no periódico *Cognition*, mostram que só somos capazes de manter o foco ideal em uma tarefa visual de 40 minutos de duração se fizermos uma breve pausa durante o exercício;
- **Tome cuidado ao trabalhar de casa**: negocie com seus amigos e familiares, pedindo-lhes que não façam interrupções quando você precisar manter o foco em alguma tarefa, e prometa compensá-los com sua atenção integral posteriormente. Se você precisa de silêncio para se concentrar, trabalhe sozinho em uma sala onde possa fechar a porta e onde não ouça a TV ou o rádio, nem as crianças, os animais de estimação, eletrodomésticos etc.;
- **Use estratégias de ampliação de foco**: fortaleça seu nível de atenção mental por meio da otimização da dieta, da rotina de exercícios, do padrão de sono e das maneiras que lhe ajudem a relaxar e a manter a calma.

38

ESCUTE COM ATENÇÃO

> A maioria das pessoas ouve,
> mas não chega a realmente prestar atenção.

De acordo com uma pesquisa da Accenture, 64% dos profissionais têm dificuldade em escutar com atenção nos ambientes de trabalho atuais. Isso é um grande problema, porque dificuldades de comunicação reduzem a produtividade. Afinal, se a comunicação não estiver clara, é provável que você:

- Não entenda corretamente o que lhe pedem para fazer;
- Não compreenda completamente o que está acontecendo;
- Interprete erroneamente as perguntas que lhe forem feitas;
- Compreenda mal a importância de uma tarefa;
- Não entenda direito como um colaborador pode ajudá-lo;
- Não entenda direito o significado dos feedbacks que recebe;
- Interprete mal a opinião de alguém sobre seu trabalho;
- Não consiga entender ou motivar alguém que trabalha com você.

O elo entre as habilidades de escuta e o desempenho no trabalho foi validado por extensas pesquisas. Um estudo publicado em 2018, no *Journal of Psychology & Psychotherapy*, pelo professor Norris Wise concluiu que, quando um treinamento em habilidades de escuta é oferecido a um grupo de pessoas, isso melhora o desempenho geral.

Uma escuta ruim pode tomar várias formas. Tenho certeza de que conhece colegas de trabalho, membros da família e amigos que cometeram os seguintes erros comuns:

- Começam a falar enquanto você ainda está se manifestando;
- Mostram pouco interesse e ficam mexendo no celular;
- Olham ao redor em vez de olharem para você;
- Não parecem ter interesse em responder ao que você acabou de dizer;

- Ficam em silêncio e você não faz ideia se foi compreendido;
- Pedem a você para repetir o que disse porque estavam distraídos.

Você pode usar essa correlação entre habilidade de escuta e produtividade em proveito próprio ao se comportar como um modelo a ser seguido, como vai descobrir na próxima página.

ENTRE EM AÇÃO

Mostre como é ser um excelente ouvinte

Escutar outra pessoa é uma habilidade. Com um pouco de treino consciente, você pode se tornar especialista no assunto e servir de exemplo para outras pessoas.

- **Olhe para a pessoa com quem está conversando**: Encare a pessoa com quem estiver falando, mantenha contato visual e dedique integralmente sua atenção a ela. Evite fixar o olhar na outra pessoa, pois isso pode ser desconfortável — e, em outras culturas, até ofensivo;
- **Desligue-se dos estímulos externos e concentre-se no momento**: Pare de pensar em outras coisas quando alguém está tentando lhe dizer algo. Concentre-se plenamente na outra pessoa e no que você está ouvindo. Ao fazer isso, vai haver menos espaço livre em sua mente para diálogos internos e pensamentos não relacionados;
- **Mostre que está prestando atenção**: Se você ficar totalmente em silêncio, isso pode, ironicamente, passar a impressão de que está distraído e não está prestando atenção. Para evitar que isso aconteça, concorde com movimentos de cabeça e diga coisas como "entendo" e "interessante". Não interrompa nem comece a falar por cima da outra pessoa, pois isso é desconfortável;
- **Esclareça e parafraseie**: quando a outra pessoa terminar de falar, certifique-se de que entendeu completamente o que ela lhe disse, parafraseando de volta o que ouviu ou esclarecendo. Parafrasear envolve fazer um rápido resumo e permite que o outro lado confirme que você escutou corretamente. Esclarecer é algo que envolve fazer uma verificação do que foi dito por meio de perguntas.

39

ENCONTRE TEMPO PARA VOCÊ

> *Encontre todos os dias um pouco de tempo para relaxar e se reenergizar.*

Pode ser difícil achar algum tempo para si. Agendas ficam abarrotadas com reuniões, sentar-se à sua mesa o torna um alvo fácil para colegas, pedidos urgentes, mensagens e telefonemas. A menos que você faça um esforço especial, pode ser que passe o dia inteiro sem a possibilidade de sequer ter um único momento a sós. Mas o "tempo para mim" é essencial para três tarefas importantes e interconectadas. Isso significa que você vai poder:

- Dar um passo atrás e refletir sobre sua carga de trabalho, objetivos e desafios. Um tempo sem distrações significa que você pode analisar e avaliar sua lista de coisas pendentes, o que está sendo pedido e o que lhe é esperado;
- Concentrar-se em trabalhos que requerem reflexão e concentração profundas, o tipo de trabalho que só pode ser bem executado quando você está sozinho e sem qualquer distração;
- Fazer uma pausa para se reenergizar, descansar e se recuperar. Durante o dia de trabalho, pode ser muito valioso fazer uma caminhada, fechar os olhos, meditar, exercitar-se, fazer ioga ou apenas ficar sentado em silêncio. Líderes ocasionalmente fazem isso durante alguns minutos antes de reuniões ou apresentações importantes para se acalmarem e se prepararem. Um líder que orientei descreveu que esses momentos são como "diminuir a velocidade antes de acelerar".

Ter um tempo a sós também pode melhorar a produtividade da sua equipe. Em um estudo bastante citado publicado em 2002 no periódico

Current Directions in Psychological Science, pesquisadores dos Estados Unidos demonstraram que os resultados das sessões de *brainstorm* de uma equipe melhoravam muito quando os membros se alternavam entre fazê-los sozinhos e posteriormente juntos, com o grupo inteiro.

ENTRE EM AÇÃO

Comece a restringir horários

Reserve horários em sua agenda para "ter tempo para você" antes que outras pessoas vejam que está disponível e lhe façam convites para reuniões. Planeje proativamente e restrinja horários diferentes. Você pode começar restringindo apenas duas horas por semana, mas deve aprender rapidamente a restringir a maior quantidade de tempo possível conforme sua necessidade de ficar a sós.

Se seus colegas tentarem usar esse tempo com convites para reuniões, resista de maneira assertiva e informe-os de que você não está livre. Se for uma reunião realmente essencial com seu chefe ou um cliente importante, reagende o seu "tempo para mim" para outro momento em sua agenda.

Nós exploramos o impacto de ser uma pessoa mais ativa no período da manhã, tarde ou noite no capítulo 9 e, ao reservar um tempo para si mesmo, decida se vai escolher os momentos do dia em que a sua produtividade é maior ou se vai deixar esses períodos para reuniões e atividades que envolvam outras pessoas do trabalho.

O "tempo para mim" não é somente para o trabalho

Use um pouco do "tempo para mim" para se reenergizar. Ter momentos de silêncio entre reuniões longas e desafiadoras para conseguir se centrar é bom. Não se sinta culpado por fazer pausas durante o dia. Você vai estar mais produtivo e concentrado nas discussões e tarefas nas quais precisa trabalhar posteriormente.

40

PRATIQUE, PRATIQUE, PRATIQUE

> A prática pode não levar à perfeição, mas ajuda a chegar perto.

Uma das maneiras mais rápidas para se tornar produtivo é praticar as tarefas e as competências de que você precisa para executar bem seu trabalho. Isso pode significar qualquer coisa, como aprender a usar o Microsoft Excel direito, coordenar reuniões de equipes, conversar com clientes, editar documentos e projetar novos produtos. Todo mundo tem uma variedade de competências, comportamentos e hábitos que precisam praticar para se desenvolver.

A ideia de que são necessárias 10 mil horas de prática para se tornar especialista em alguma coisa já foi rechaçada. O tipo ideal de prática não é a repetição. O que importa é a qualidade. Você pode conquistar isso ao praticar de forma deliberada. Isso requer uma atenção focada e envolve repetir alguma coisa de maneira atenta, planejada e sistemática. Por exemplo:

- Perceba como você reage e responde a cada vez que se envolve em uma conversa tensa. Isso vai melhorar suas habilidades de gerenciamento de conflitos;
- Grave a si mesmo em vídeo fazendo apresentações importantes. Posteriormente, revise a gravação para explorar como pode melhorar em uma próxima vez;
- Peça a um colega que observe enquanto você coordena uma reunião semanal com a equipe para lhe dar feedback sobre o que pode ser melhorado;
- Monitore seu sucesso ao fazer ligações de prospecção para clientes e ajuste suas propostas de venda.

A prática deliberada é uma habilidade bastante importante, mas, se feita sozinha, não garante que haverá melhora no desempenho.

Diversas pesquisas estão demostrando que a prática só explica parcialmente até que ponto você pode ter bons resultados em uma tarefa ou então em uma habilidade.

Um estudo publicado no periódico *Intelligence*, em 2014, por pesquisadores de cinco universidades descobriu que a quantidade de prática só explicava até um terço da diferença no desempenho em um grupo amplo de enxadristas e músicos.

Outras pesquisas estão descobrindo que também são importantes fatores como genética, idade, talento natural e o quanto se gosta de executar uma tarefa. Mas a prática deliberada é importante, e, mesmo se o DNA estiver ao seu lado, é improvável que você tenha grandes resultados em qualquer tarefa, habilidade ou hábito sem ela.

ENTRE EM AÇÃO

Reserve tempo para praticar

Atualmente, sabemos que a ideia de que é necessário praticar uma atividade por cerca de 10 mil horas a fim de conseguir dominá-la completamente já está desacreditada, mas você ainda precisa praticar de maneira contínua e regular habilidades ou tarefas que gostaria de dominar. Isso requer persistência, paciência e determinação para garantir que não fique preguiçoso e, em vez disso, invista o tempo que precisa para praticar.

Contudo, você não precisa praticar uma atividade inteira. Assim como um jogador de futebol pode concentrar parte de seu treinamento em cobranças de escanteio, falta ou dribles e um nadador pode fazer treinos específicos ou concentrar-se em um aspecto específico de um estilo, você também deve decidir quais habilidades, tarefas ou atividades precisam ser praticadas deliberada e conscientemente para ajudá-lo a ter um bom desempenho.

Uma vez que saiba o que quer praticar, pense em qual será a melhor maneira de praticá-la com atenção, planejamento e sistema. Isso vai depender do contexto e pode variar entre simular uma atividade antes de executá-la em uma situação real, visualizar na sua mente o que você tem que fazer na vida real ou repetir uma atividade dezenas de vezes enquanto alguém o filma para que você possa assistir ao vídeo novamente mais tarde.

Receber feedback é algo bastante útil, e idealmente deve ser feito com pessoas que já sejam especialistas na competência que você está trabalhando para desenvolver. Permita a elas que o observem praticando e convide-as para compartilhar suas observações.

41

FAÇA PLANOS PARA O CASO DE TUDO DAR ERRADO

> *Planeje-se para o pior,*
> *mas torça para que o melhor aconteça.*

Quando planejam vencer uma competição de ciclismo em estrada, equipes profissionais se concentram nas coisas óbvias que precisam para que tudo dê certo durante aquela prova, como ter os ciclistas que estão em melhor forma e as bicicletas mais rápidas. Mas também fazem planos para conseguirem lidar com situações inesperadas que podem vir a acontecer, tais como o que devem fazer para lidar com emergências mecânicas e médicas.

Pessoas produtivas são ótimas quando pensam em hipóteses do tipo "e se...?". Assim como qualquer atividade, tarefa ou projeto, é preciso fazer uma sessão de *brainstorm* acerca de eventos inesperados que podem atrapalhar o progresso e explorar como tais eventos podem impactar o desempenho.

Depois de definir o que pode dar errado, é preciso dedicar tempo para pensar em como você vai responder a cada cenário. Alguns exemplos podem incluir:

- Tenha uma segunda fonte de acesso à internet, caso haja problemas com a principal;
- Faça backups diários dos seus dados e arquivos;
- Diminua o risco atendendo vários clientes para o caso de algum deles parar de trabalhar com você;
- Treine mais de um colaborador em certas habilidades-chave na sua equipe ou empresa para o caso de um deles pedir demissão ou ficar doente;
- Inclua tempo extra nos cronogramas de projetos para o caso de atrasos inesperados.

Assim como a equipe de ciclismo que responde a perguntas do tipo "e se...?" e preparam bicicletas extras, arrumam um médico e mecânicos para que possam acompanhar os ciclistas em carros de apoio, é preciso dedicar tempo ao gerenciamento de riscos e à elaboração de planos de contingência.

Pessoas produtivas nunca são pegas desprevenidas quando um desastre acontece.

ENTRE EM AÇÃO

Deixe de ser ingênuo

Vivemos em um mundo cada vez mais complexo, incerto e também volátil no qual o inesperado acontece com frequência. Não se pode fechar os olhos à possibilidade de que um projeto sofra atrasos, que sua verba seja cortada ou que um colaborador importante peça demissão causando efeito imediato.

A mentalidade ideal a ser adotada é esperar pelo melhor enquanto faz planos para aquilo de pior que pode acontecer. Se você é uma pessoa naturalmente otimista, isso pode exigir certo esforço de sua parte, pois você estará mais inclinado a se concentrar nos aspectos positivos daquela situação. Contudo, se você tende a ser uma pessoa naturalmente pessimista, vai ter mais facilidade de pensar em tudo aquilo que pode dar errado.

Aprenda sobre gerenciamento de riscos

Crie um registro de riscos. Essa é apenas uma lista dos riscos que você e seus colegas enfrentam. Você pode criá-la no Word ou no Excel usando colunas diferentes.

- **Problema**: descreva a natureza do problema;
- **Probabilidade**: faça a melhor estimativa sobre a chance que um problema tem de acontecer;
- **Impacto**: você deve classificar o problema listado considerando o potencial impacto que ele pode ter sobre você, seu trabalho e/ou sua organização;
- **Solução**: descreva as ações de mitigação que você está executando para a possibilidade de que essa questão ocorra ou que tenha um impacto muito grande.

Por exemplo:

Problema	Probabilidade	Impacto	Solução
A potencial perda de dados e informações caso meu computador quebre e não puder ser acessado.	Baixa	Alto	Salvo todos os meus arquivos na nuvem, e também faço backups semanais em um HD externo. Posteriormente, vou investir em um segundo computador.

Mantenha seu registro de riscos atualizado e faça sessões de *brainstorms* sobre todos os tipos de risco que podem ocorrer, tomando cuidado especialmente com qualquer um que possa ter passado batido.

42

BUSQUE FEEDBACK REGULARMENTE

> *O feedback é o combustível para o seu foguete de produtividade.*

Imagine que você vive em um universo paralelo onde ninguém nunca dá *feedback*. Ninguém comenta sobre o desempenho de outras pessoas no trabalho ou compartilha opiniões a respeito de como alguém está se saindo. Em um mundo com zero *feedback*, você poderia:

- Completar seu trabalho de maneira incorreta, porque ninguém avisa que você está saindo dos trilhos;
- Ficar desmotivado porque ninguém lhe dá palavras positivas de elogio e estímulo;
- Entender errado o que os outros esperam porque nunca chegou a conversar a respeito com eles;
- Tentar atingir as metas erradas porque ninguém parou para lhe dizer quais são as certas;
- Desenvolver hábitos ruins de trabalho porque ninguém lhe dá nenhuma instrução ou coordenação;
- Desperdiçar seu tempo porque ninguém faz questão de avisar que você não está seguindo os processos certos.

É simplesmente impossível alcançar ou manter altos níveis de desempenho sem receber feedback. Isso é respaldado por pesquisas extensas, incluindo as seguintes:

- Em um estudo publicado no periódico *Frontiers in Psychology*, em 2020, pesquisadores alemães descobriram que, quando uma pessoa recebe feedback positivo, sua autoeficácia tende a aumentar, o que significa que ela se sente mais capaz de administrar seus próprios comportamentos, emoções e também motivações — o

que, por sua vez, faz com que consiga ter ainda mais sucesso naquilo que faz;
• Uma pesquisa de 2013 feita com mais de 50 mil líderes, citada na *Harvard Business Review*, demonstrou que a efetividade de um líder se correlaciona positivamente com seu desejo de obter feedback sobre si.

Buscar o máximo de feedback possível é algo que anda de mãos dadas com a alta produtividade. O melhor feedback geralmente vem de maneira imediata, como quando você pergunta a um colega sobre a impressão geral da apresentação que você fez naquele dia ou quando pergunta se conseguiu influenciar seu chefe com sucesso em uma reunião de equipe.

ENTRE EM AÇÃO

Torne-se um louco por feedback!
Não espere pela sua avaliação de desempenho ou até que alguém decida lhe dar um feedback construtivo. Em geral, quando isso acontece, já é tarde demais. Se possível, procure pequenas parcelas de feedback todos os dias. O segredo é perguntar à pessoas que o viram em ação e/ou foram impactadas pelo seu trabalho, e perguntar a elas assim que for possível, após o evento.
• Depois de uma reunião com a equipe, peça aos participantes que avaliem a reunião e sugiram maneiras pelas quais você pode melhorar a coordenação do próximo evento;
• Ao compartilhar a versão preliminar de um relatório ou apresentação, peça aos colegas um feedback franco e honesto acerca do documento;
• Se estiver tentando reforçar um comportamento, como sua inteligência emocional (QE), pergunte regularmente se está demonstrando evidências disso (neste caso, você vai querer saber se está demonstrando mais autoconsciência, autocontrole e empatia).

O feedback instantâneo, que é feito no momento em que algo acontece ou ainda é muito recente, é valioso porque:
• As pessoas que o fazem vão conseguir se lembrar facilmente de suas opiniões e o que sentiram em relação a você e seu trabalho;

• Você vai conseguir relacionar qualquer feedback com aquilo que criou, fez ou disse;
• Você pode agir imediatamente acerca do feedback recebido para reforçar seus pontos fortes e melhorar em outras áreas.

43

PARE DE QUERER AGRADAR TODO MUNDO

> *Não diga "sim" às outras pessoas se isso significa dizer "não" a você mesmo.*

E-mails e aplicativos de mensagens são, ao mesmo tempo, uma bênção e uma maldição. Com eles, podemos nos conectar e compartilhar informações com facilidade, mas a desvantagem é que, uma vez que esteja em uma corrente de e-mails ou quando é adicionado a um grupo do WhatsApp, você se sente compelido a se envolver nos problemas de outras pessoas. Seu desafio pode até não ser o volume de e-mails e mensagens que recebe todos os dias, mas sim o fato de que muitos deles não são endereçados a você ou nem mesmo relevantes. Ser incluído significa que você tem que decidir se quer ou não se envolver. Não é fácil ficar em silêncio quando se é puxado para uma discussão. Muitas pessoas entram de cabeça porque têm algo a dizer ou porque seus egos não deixam que elas fiquem quietas. Se fizer isso, você só vai gastar seu tempo e energia.

Há um provérbio polonês que diz: "Esse circo não é meu e os macacos também não". Ou, para ser mais literal, como uma pessoa produtiva diria: "Não vou me envolver nos seus problemas, muito obrigado". Para o bem da sua produtividade, evite se deixar ser arrastado para os problemas, desafios e pedidos do trabalho que não estejam relacionados com você ou que não lhe ajudem a alcançar seus próprios objetivos. Você pode simplesmente ignorar a comunicação ou perguntar por que foi inserido ali — e, em seguida, pedir para ser removido. Não responda a todo mundo. Converse diretamente com a pessoa que lhe trouxe para a situação.

Isso também se aplica quando lhe pedem para se envolver em um debate ou discussão, ou participar de reuniões nas quais as questões discutidas não têm relevância para você — e a sua presença não contribui para nada.

ENTRE EM AÇÃO

Resista a se deixar ser envolvido em problemas que não são seus...
Se você é naturalmente uma pessoa que gosta de agradar outras, pode ser fácil se envolver em todas as conversas que chegam à sua caixa de e-mails e aceitar todos os convites para reuniões. Nem é preciso dizer que você precisa aprender a dizer não. Comece a observar a frequência com a qual se deixa envolver em coisas que não são centrais para o seu próprio trabalho e analise a maneira como tende a responder.

Da próxima vez que isso acontecer, pare por um momento antes de se envolver. Leia os e-mails e os detalhes da reunião, perguntando-se se precisa se envolver ou se pode ficar de fora. Com frequência, a resposta é óbvia e você não deve precisar pensar muito para chegar a uma conclusão.

Quando sabe que deve ficar de fora, mas sua tendência habitual é se juntar ao debate, encontre a coragem para romper o hábito. Não pense demais. Em vez disso, use o tempo que você economizou para fazer tarefas mais importantes. Se alguém perguntar por que não respondeu ao convite, seja cortês mas firme.

... Mas, às vezes, disponha-se a participar
Pode haver casos em que é bom se envolver, mesmo que você não seja diretamente beneficiado:
- Para ajudar e apoiar colegas em debates e discussões;
- Para mostrar que você os valoriza e para fortalecer a relação com eles;
- Para demonstrar que você sabe trabalhar em equipe.

44

ACORDE CEDO

| *Acorde cedo e aproveite o dia!*

Acordar cedo pode ser o segredo para o sucesso. Em 2020, a fabricante de camas e colchões Amersleep fez uma pesquisa na qual comparou dois grupos de pessoas: 510 que acordavam cedo, entre as quatro e sete horas da manhã, e 506 pessoas que saíam da cama entre as oito da manhã e o meio-dia. Aqueles que acordavam cedo — especialmente os que estavam em pé às quatro da manhã! — relataram que eram mais produtivos, tinham salários maiores e mais qualidade de vida.

Programar seu despertador para tocar mais cedo do que o habitual traz inúmeros benefícios:

- É menos provável que se distraia, já que poucas pessoas vão estar acordadas. Quando acordo por volta das cinco horas da manhã, há um silêncio maravilhoso que me ajuda a pensar e refletir;
- Você pode começar o dia de maneira mais tranquila, em vez de correr com tudo;
- Seu cérebro e sua força de vontade tendem a estar mais alertas durante as manhãs. Isso parece ser verdade mesmo que você não seja uma pessoa matutina (como viu no capítulo 9);
- É mais provável que tenha noites de sono melhores, de acordo com estudos publicados no periódico *Chronobiology International*;
- É algo que também faz de você uma pessoa mais positiva. Uma pesquisa publicada em 2014, no periódico *Cognitive Therapy and Research*, mostrou que pessoas que acordam cedo têm menos pensamentos negativos do que aquelas que ficam acordadas até a madrugada e acordam mais tarde.

Elon Musk, Tim Cook e Oprah Winfrey são exemplos bem conhecidos de pessoas que acordam cedo. Você se lembra do nome de alguma pessoa altamente produtiva que tem o hábito de acordar tarde?

ENTRE EM AÇÃO

Levante-se cedo
Nos primeiros dias começando a acordar mais cedo, a sensação vai ser forçada e difícil. Mas, com o tempo, é algo que fica mais fácil. Especialmente se você for dormir em um horário razoável e conseguir uma quantidade suficiente de horas dormidas. Mais cedo ou mais tarde, vai se acostumar a acordar mais cedo, independentemente se você se considera uma pessoa matutina ou não.

Use bem o início das manhãs...
- Faça experimentos acerca de como você usa seu tempo livre recém-descoberto. Em parte, isso vai depender da sua personalidade, interesses e necessidades;
- Algumas pessoas gostam de se exercitar, sair para fazer caminhadas, correr, nadar ou ir à academia. Outras simplesmente ficam calmas e meditam, leem algo que é de seu interesse, fazem alongamentos, exercícios de respiração ou praticam ioga;
- Há aquelas que mergulham de cabeça no trabalho, pois sentem que o silêncio lhes ajuda a pensar mais claramente e se concentram em concluir itens das suas listas de coisas a fazer;
- E há também as pessoas que acordam mais cedo e simplesmente fazem as coisas mais devagar, desde tomar um banho demorado até desfrutar sem pressa do café da manhã.

O livro *O milagre da manhã*, de Hal Elrod, é uma excelente introdução a uma rotina estruturada pela manhã.

... mas seja gentil consigo mesmo
Não se obrigue a trabalhar ou fazer qualquer outra coisa só porque acha que é isso que deveria fazer. Use essas primeiras horas de maneiras que o motivem e o façam começar o dia de maneira positiva. O importante é que você já está acordado, o que, por si só, lhe dá a oportunidade de ter um dia mais produtivo, não importando como use suas primeiras horas.

45

SUPOSIÇÕES PODEM SER PERIGOSAS

| *Ninguém nunca sofreu por causa de clareza extrema.*

Checar suas suposições sempre traz benefícios. Ideias errôneas sobre o trabalho — o que é necessário, quando é necessário concluí-lo — são muito comuns. Não é difícil que um pequeno desalinhamento relacionado a uma instrução, cronograma, plano, expectativa, pedido, acordo ou pergunta cresça e prejudique um projeto, resultando em um enorme desperdício de tempo.

Pessoas produtivas são mestres na área de fazer múltiplas verificações. Esclarecer as coisas no início dos projetos pode até fazer com que o começo seja mais lento, mas significa que o tempo será bem investido se isso prevenir o retrabalho em alguma etapa posterior. Assim, antes de começar a redigir suas estimativas de receita para o CEO, verifique quais são as expectativas. Antes de redigir uma proposta para o cliente, tenha certeza de que entendeu o *briefing* do projeto. Antes de pegar o carro para ir até o local onde uma reunião vai ser feita, verifique se ela não vai acontecer remotamente.

Suposições podem ser perigosas e têm o hábito de se transformarem, convencendo você a tratá-las como fatos, embora existam apenas na sua cabeça.

ENTRE EM AÇÃO

Não há problema em parecer idiota

Garanta que você entendeu completamente o que lhe está sendo pedido quando concorda com alguma coisa. Faça perguntas para esclarecer dúvidas ou parafraseie o que ouviu. É sempre melhor fazer perguntas logo no começo do que ficar quieto e cometer um erro idiota ao completar o trabalho. Se ajudar, peça à outra parte para confirmar por e-mail o que foi pedido verbalmente.

Faça relatórios regulares de progresso e peça feedback
Se a tarefa vai levar algum tempo, ou se for particularmente complicada, não espere até terminá-la para pedir feedback. Mostre uma versão preliminar e pergunte se o trabalho atende às expectativas e se corresponde ao que foi acordado.

Aprenda com seus erros
Registre as ocasiões em que presumiu a coisa errada ou ouviu algo incorretamente. Depois, esforce-se para evitar que as mesmas coisas voltem a acontecer: peça a um cliente que fala rápido demais para confirmar exatamente do que precisa, ou passe mais tempo na fase de planejamento do projeto para evitar ter que voltar à estaca zero no meio do caminho.

46

ELIMINE PROCESSOS MANUAIS

Pessoas com alto desempenho sempre estão abertas a adotar atalhos produtivos.

Há muitas ferramentas, processos e sistemas disponíveis que podem poupar tempo e dinheiro ao mesmo tempo que trazem resultados de qualidade. Isso é especialmente verdadeiro no caso de tarefas que precisam ser completadas manualmente. Por isso, fique de olho para ver se existem maneiras pelas quais você pode automatizá-las e simplificá-las.

- Quando precisar escrever grandes volumes de texto, experimente usar programas de reconhecimento de voz de modo que seja possível apenas ditar em vez de passar horas digitando;
- Quando precisar trabalhar com listas de números, transfira-os para uma planilha do Excel, de modo que os dados possam ser manipulados com mais facilidade e precisão;
- Quando precisar agendar muitos eventos ou inúmeras reuniões individuais, use um programa de agenda (como Calendly.com ou Youcanbook.me) e, depois, só compartilhe o acesso à sua agenda com as pessoas com quem precisa se reunir;
- Quando tiver trabalhos recorrentes, sempre salve, replique e copie quaisquer modelos ou cronogramas que sejam necessários. Pode ser algo simples, como reutilizar um modelo do PowerPoint para um formato recorrente de apresentação para clientes;
- Quando precisar inserir dados manualmente, tais como informações pessoais, pedidos de clientes ou despesas da empresa, use ferramentas de escaneamento capazes de ler recibos e faturas e os quais podem enviar os dados importantes para um software do sistema.

Atualmente existe uma infinidade de opções em termos de ferramentas de automação. Por isso, nunca passe horas e horas fazendo algo manualmente quando o simples ato de usar uma ferramenta pode ajudá-lo a economizar tempo e eliminar erros.

ENTRE EM AÇÃO

Volte ao básico
Você provavelmente usa os aplicativos do Microsoft Office (ou algum conjunto similar) para realizar as tarefas diárias — tipicamente Word, Outlook, OneNote ou Excel —, mas está conseguindo extrair o máximo dessas ferramentas? Há muitos macetes que podem ajudá-lo a poupar tempo e trabalho, tais como:
- No Word, dá para editar e voltar a salvar arquivos em formato PDF;
- Em todos os aplicativos do Office, é possível economizar tempo usando atalhos de teclado, como pressionar CTRL + C para copiar, CTRL + V para colar e CTRL + X para recortar;
- No Excel, dá para inserir dados diretamente da internet;
- Em todos os produtos do Microsoft Office, é possível digitar palavras ou expressões na caixa de texto chamada "Pesquisar" e o comando relevante pode ser executado instantaneamente para você.

A automação pode envolver várias pequenas soluções
Esses pequenos macetes de produtividade podem ajudar a reduzir a entrada manual de dados e a digitação, mas é claro que existem muitos outros — opções demais para listar aqui. Por isso, pesquise e encontre o que pode tornar sua vida mais simples. Se acha que alguma coisa é muito trabalhosa, é provável que alguém também já tenha tido essa mesma impressão e, assim, criado uma maneira de otimizar tal trabalho. Por exemplo:
- Com as configurações adequadas no navegador, você pode fazer com que seu computador preencha automaticamente seus detalhes pessoais em campos de registro e formulários;
- Você pode criar modelos de e-mails de resposta quando quiser enviar respostas similares para um grande número de pessoas.

47

REDUZA O TEMPO GASTO EM REUNIÕES

Faça com que as reuniões sejam curtas, agradáveis e simples.

Em média, passamos 20% do tempo de trabalho em reuniões, de acordo com uma pesquisa feita pela Accountemps. Passar um quinto de seu tempo em reuniões pode ser aceitável se todas elas forem bem coordenadas, produtivas e úteis, mas as evidências mostram o contrário. Doodle, o aplicativo de agenda, entrevistou mais de 6,5 mil clientes e concluiu que cada pessoa passa duas horas por semana em reuniões inúteis. Isso significa que, a cada ano, treze dias são perdidos.

Para aumentar a produtividade, valorize mais o seu tempo e siga algumas regras simples:

- Faça reuniões curtas. Se algo pode ser feito em trinta minutos, por que reservar uma hora inteira para uma reunião?
- Seja implacável ao exigir a criação de uma pauta clara e garanta que os participantes não divaguem do assunto principal;
- Não permita que as reuniões extrapolem o horário agendado devido a conversa-fiada e discussões que fogem do assunto.

Também é importante lembrar que, quando não for possível fazer com que uma reunião seja breve, os participantes vão perder a concentração e se distrair. Para coibir isso, estabeleça pausas regulares.

A importância de fazer algumas pausas de conforto é confirmada por diversas pesquisas, sendo uma delas um estudo feito pela Universidade de Illinois em Urbana-Champaign, publicado em 2011, que concluiu que elas são uma oportunidade temporária de descompressão mental, permitindo aos participantes que recuperem o foco e a capacidade de atenção.

ENTRE EM AÇÃO

Faça com que as reuniões sejam curtas
Limite as reuniões a trinta ou cinquenta minutos de duração. Reuniões curtas ajudam a concentrar a atenção dos participantes e reduzem a sensação de que estando ali as pessoas estão desperdiçando o tempo.

Tente fazer reuniões de trinta minutos em que todos fiquem em pé, em vez de sentados. Isso ajuda a fazer com que as discussões sejam breves, já que ninguém realmente quer passar mais do que meia hora em pé. Esse tipo de reunião é muito comum em fábricas e são bastante efetivas para verificações diárias com uma equipe ou para discutir rapidamente alguma questão.

Limitar outras reuniões a cinquenta minutos e começá-las no horário agendado dá a todo mundo dez minutos livres para fazer uma pausa antes de começarem a próxima atividade.

Seja organizado
Garanta que os participantes não desperdicem tempo por terem chegado despreparados e que o tempo não seja desperdiçado durante a reunião em si:

- Ao convidar colaboradores, estabeleça expectativas claras, dando a todos uma pauta por escrito com horários para cada tópico;
- Peça aos participantes para que façam as leituras prévias necessárias e preparem antecipadamente qualquer coisa que precisem apresentar durante a reunião;
- No começo de qualquer reunião, indique alguém para ser o responsável por monitorar o tempo, e peça a essa pessoa para avisar ao grupo quando tempo demais for usado com um único tópico da pauta. Isso ajuda a garantir que elas sempre terminem no horário desejado;
- Se as reuniões tiverem mais de cinquenta minutos de duração, planeje uma pausa curta de cinco ou dez minutos para que os participantes possam recuperar a energia e o foco.

48

CUIDADO COM O BURNOUT

| *A vitória vem a passos lentos e constantes.*

Pessoas esforçadas às vezes sofrem *burnouts*, e há um risco de que, ao pressionar si mesmo a conquistar mais, o *burnout* pode acontecer devido a altos níveis de estresse, exaustão ou sobrecarga.

Uma pesquisa feita em 2018 pela Gallup demonstrou que os impactos do *burnout* incluem o aumento de pessoas que pedem folgas ou licenças por motivos de saúde, menor confiança no próprio desempenho profissional e também chances maiores de pedir demissão do emprego. A mesma pesquisa revela que as cinco principais razões para o *burnout* são:
- Tratamento injusto no ambiente de trabalho;
- Volumes excessivos de trabalho;
- Falta de clareza em relação às atribuições do cargo;
- Falta de comunicação e apoio da chefia;
- Pressões descabidas em relação ao tempo.

Tudo isso está ligado à produtividade, especialmente as partes que envolvem o volume excessivo de trabalho, as pressões descabidas em relação ao tempo e a falta de clareza em relação às atribuições do cargo. Para ser produtivo, é preciso aprender a trabalhar de maneira inteligente e encontrar um ritmo saudável. Ter um bom desempenho hoje é algo de pouco valor se você estiver sobrecarregado de trabalho, esgotado ou se for forçado a passar a semana seguinte se recuperando.

O segredo para o sucesso é se espelhar no modelo da tartaruga, não no da lebre:
- A lebre começa a corrida com uma disparada, conseguindo uma dianteira folgada (e a falsa percepção de que está sendo muito bem-sucedida);
- Ela logo fica exausta e precisa descansar, quando então é ultrapassada pela tartaruga;

- A tartaruga anda mais devagar, mas mantém uma velocidade constante durante toda a corrida, que acaba vencendo.

ENTRE EM AÇÃO

Não há problema em admitir que está tendo dificuldades
Você é capaz de sustentar o volume de trabalho atual sem correr o risco de sofrer *burnout*? Quando faço essa pergunta aos meus clientes de orientação empresarial, a maior parte diz que não é capaz.
    Se seu volume de trabalho, estilo e ritmo não são sustentáveis, tenha a coragem de admitir. Pare de fingir que tudo está bem só por temer parecer fraco e incapaz. Entre em ação agora e evite que a sobrecarga e a exaustão cobrem seu preço depois, quando seu desempenho e sua saúde vão sofrer.

Encontre o ritmo que funciona bem para você
Pare e avalie seu padrão de trabalho e como ele o impacta. A maneira mais fácil de evitar o *burnout* é colocar o pé no freio e fazer menos coisas. Isso pode ser difícil se você tiver uma lista longa de coisas pendentes e estiver sob pressão constante para apresentar resultados. O segredo é procurar continuamente formas de trabalhar que sejam mais inteligentes e sustentáveis — desde dizer não e delegar mais até deixar de aceitar tarefas pouco importantes e abraçar a automação.

Descanse e se recupere quando necessário
Obviamente, haverá ocasiões em que você vai precisar exceder seu horário de trabalho, mas equilibre os períodos intensos trabalhando em um ritmo mais lento quando for possível e faça pausas. Assim, se você passou o fim de semana inteiro terminando um trabalho urgente, encare a segunda-feira em um ritmo mais lento para conseguir descansar e se recuperar.

49

ELIMINE A SOBRECARGA MENTAL

| *A sobrecarga é inimiga da produtividade*

Quando se está muito ocupado e sobrecarregado, é comum a cabeça transbordar com ansiedades sobre as várias tarefas diferentes que estão na sua fila de projetos a executar. Você pode estar preocupado com muitos pequenos detalhes, e-mails não respondidos, reuniões agendadas e outras coisas que as pessoas esperam do seu trabalho. Se passar muito tempo nesse estado, você pode experimentar uma condição chamada de fadiga crônica e ter sintomas como:

- Problemas de memória;
- Cansaço;
- Falta de concentração;
- Vagarosidade mental;
- Capacidade de resolução de problemas reduzida;
- Maior propensão a distrações;
- Pensamento rígido e menos ágil.

De acordo com Paul Allen, criador de uma técnica de produtividade chamada *Getting Things Done* [Ter as coisas feitas] (GTD), quando você se sente assim, sua produtividade pode cair enquanto está lutando para se concentrar nas tarefas atuais, enquanto sua mente está pensando em várias outras coisas. Allen diz que isso acontece quando você se vê em um ciclo de pensamento aberto, pensando nas obrigações em vez de se concentrar naquilo que deveria estar fazendo e criando, desse modo, uma situação em que:

- Sua cabeça não tem mais espaço para se concentrar no que precisa ser feito;
- Você desperdiça tempo pensando, em vez de fazendo;
- Você trabalha em tarefas sem dedicar toda a sua concentração e atenção.

Para evitar esse esgotamento de produtividade, esvazie o ruído ou a desorganização mental em sua cabeça usando sistemas que podem fazer com que você se liberte da obsessão por longas listas de tarefas que precisam ser resolvidas.

ENTRE EM AÇÃO

Mapeie o que está na sua cabeça
Trabalhe nas três partes do modelo resumido a seguir. Ele foi desenhado para ajudá-lo a processar as ansiedades decorrentes de seu volume de trabalho ao mesmo tempo que ajuda você a responder à pergunta: "No que eu deveria me concentrar hoje (ou esta semana)?"

Este modelo simples foi criado para ajudá-lo a se livrar de ansiedades relacionadas ao trabalho, e foi baseado no método GTD, de Allen, assim como na ideia de criar listas de afazeres e julgar o que é urgente e importante (como vimos no capítulo 2 e no capítulo 6, respectivamente).

1. **Coletar**: No início do dia ou da semana, anote todas as tarefas que passarem por sua cabeça. Tenha a certeza de que você capturou todos os pensamentos, preocupações e angústias acerca dos trabalhos pendentes. Anote todos, não importa o quanto pareçam ser pequenos ou triviais, em seu diário ou no celular. Você vai literalmente tirar todas as preocupações relacionadas ao trabalho da cabeça e colocá-las no papel. Algumas pessoas fazem isso o tempo todo, chegando até mesmo a deixar um caderno ao lado da cama para anotar aquilo que lhes tira o sono;
2. **Processar**: Repasse a lista e decida como cada tarefa precisa ser enfrentada. Determine o que pode ser ignorado, o que precisa da sua atenção agora ou mais tarde e o que pode precisar de uma atenção diferente (por exemplo, você pode precisar esclarecer quem é realmente responsável por uma tarefa ainda não terminada que está na sua cabeça);
3. **Mapeie o que precisa ser feito:**
    - Delegue e passe para as pessoas certas as tarefas que são de responsabilidade delas, e não sua;
    - Faça anotações separadas com as tarefas que você pode ignorar, que não precisam de sua atenção ou concentração;

- Atualize a lista de tarefas de modo que ela contenha somente aquelas que são de sua responsabilidade. Faça uma anotação ao lado de cada tópico, indicando quando precisa começar a trabalhar nele e qual é o prazo final para que esse seja concluído.

Quando tiver completado esse processo e esvaziado sua cabeça de preocupações relacionadas ao trabalho, concentre-se na tarefa que você precisa realizar agora.

50

SEJA PRODUTIVO COM SEU TEMPO LIVRE

> *Fins de semana e férias são oportunidades que uma pessoa tem de ser produtiva de maneiras completamente diferentes.*

Ser produtivo não deve parar no instante em que você deixa o escritório ou fecha o notebook. É preciso ser inteligente também a respeito de como se usa o tempo livre, tendo a certeza de que gasta esse tempo de maneira produtiva nos aspectos da sua vida que não estão relacionados a trabalho, independentemente de se concentrar em si mesmo, na sua saúde, seus hobbies, educação, família, amigos ou a comunidade.

Proteja esse tempo livre. Não leve trabalho para casa aos fins de semana, à noite ou quando estiver de férias. O motivo principal: isso não é saudável. Um estudo feito no Reino Unido e publicado no *Journal of Epidemiology and Community Health*, em 2019, revelou que trabalhar durante o tempo livre aos fins de semana está ligado a aumentos nos sintomas de depressão, enquanto um estudo da Universidade de Sheffield, também de 2019, concluiu que pessoas que trabalham aos fins de semana relataram níveis mais baixos de felicidade do que aquelas que não fazem isso.

Para os propósitos deste livro, entretanto, isso também é uma atitude muito improdutiva. Como sua mente sabe que você tem mais tempo para trabalhar nas suas tarefas, é pouco provável que trabalhe de maneira tão inteligente, rápida e eficiente quanto alguém que se esforça para terminar tudo às cinco da tarde na sexta-feira e não volta a abrir o notebook antes da manhã de segunda-feira.

Assim como deixar o trabalho na empresa e aproveitar a vida, o segredo para o sucesso é ser produtivo em todas as áreas, incluindo em seu tempo livre. Sim, isso significa aplicar muitas das ferramentas e conselhos deste livro aos seus fins de semana e à vida em família, incluindo listas de coisas a fazer, priorizar atividades, fazer pausas e ter "tempo para você".

ENTRE EM AÇÃO

Planeje e priorize seu tempo livre
Crie e mantenha atualizada uma lista de coisas a fazer que não sejam relacionadas a trabalho, a qual pode incluir atividades como:
- Tempo para descansar;
- Tempo que você possa passar sozinho;
- Tempo para não fazer nada;
- Tempo para curtir a família;
- Tempo para passar com os amigos;
- Ajudar alguém a fazer alguma coisa;
- Viajar;
- Exercitar-se;
- Aprender e estudar;
- Descansar e se recuperar.

Essa lista não precisa ser tão detalhada quanto aquela do trabalho, mas ela deve capturar todas as atividades que são importantes para você.

Uma vez que a lista esteja criada, priorize as atividades e monte alguns cronogramas sobre como você gostaria de aproveitar o fim de semana ou as férias que estão chegando. O desafio é equilibrar suas próprias necessidades e desejos com os de seus familiares, que frequentemente competem entre si. Você pode precisar negociar e fazer concessões, tomando cuidado para não perder o tempo que precisa para si mesmo.

Aproveite as férias
Não usar todos os dias de férias aos quais se tem direito a cada ano não é algo que deva ser motivo de orgulho. É simplesmente um sinal de que você está permitindo que seu trabalho e carreira o consumam.

Sempre aproveite todos os dias das suas férias, mesmo quando isso for difícil devido ao volume de trabalho. Se você não conseguir tirar duas semanas inteiras de férias de uma só vez, tente tirar dois ou três dias a cada mês para ter vários fins de semana prolongados.

Maximize seus fins de semana

Você pode até não ter escolha e ser obrigado a trabalhar durante os fins de semana, ainda mais se atuar nos setores de varejo e hospitalidade, ou talvez se seu emprego se espalhar pelos sete dias da semana, ou se tiver assumido dois ou três empregos diferentes para dar conta dos boletos. Você pode ter a impressão de que não tem tempo livre nenhum, ou então, quando não estiver trabalhando, só vai sentir vontade de dormir. Faça o melhor que puder para tirar dias de folga, noites livres e feriados, e use o tempo fora do trabalho de maneira tão produtiva quanto o tempo que você dedica a ele.

51

REPITA SEUS SUCESSOS

| *Se funcionar, faça de novo.*

Tarefas repetitivas ou recorrentes tomam pelo menos 35% de nosso tempo, de acordo com a empresa estadunidense de tecnologia Asana em seu relatório *Anatomy of Work Index*. Se grande parte do nosso trabalho diário se repete, por que nem todos nós somos especialistas no que fazemos? Existem algumas razões possíveis:

- Com frequência, ficamos ocupados demais para pensar em como havíamos completado uma tarefa similar ou então idêntica anteriormente;
- Às vezes nós nem nos damos conta de que uma tarefa feita hoje é igual a outra que completamos no mês passado;
- Nós pouco refletimos quanto ao que funcionou bem da última vez.

Não aprender as lições do trabalho que fizemos antes é um desperdício de tempo e energia. Reserve algum tempo para perceber quando as tarefas ou processos do trabalho são repetitivos e recorrentes, e use os *insights* conseguidos à custa de erros e acertos anteriores para crescer e melhorar seu desempenho.

ENTRE EM AÇÃO

Saiba quais tarefas serão repetidas

Perceba quais das suas tarefas no seu dia a dia são regularmente recorrentes, aquelas que às vezes precisam ser repetidas ou ainda as atividades que são únicas e diferentes de todas as outras. Às vezes, apenas algumas partes das tarefas podem ser as mesmas, tais como um processo a ser seguido.

Replique o sucesso sistematicamente
Aqui estão algumas técnicas que você pode experimentar para aprender com trabalhos passados. Veja quais funcionam para sua rotina:
- **Revisar as "lições aprendidas"**: depois de completar qualquer tarefa, sente-se sozinho (ou com as pessoas que o ajudaram a fazer o trabalho) para repassar e anotar o que correu bem e os pontos que podem ter gerado dificuldades;
- **Crie uma lista de lembretes**: para tarefas que são difíceis de fazer bem-feitas, e baseado na revisão das lições aprendidas, crie uma lista de coisas que devem e que não devem ser feitas que você possa consultar quando estiver executando as mesmas tarefas (ou tarefas relacionadas) no futuro;
- **Manual de processos e guias de instrução**: ao perceber que está repetindo tarefas com regularidade, considere a possibilidade de criar um "manual" (se já não houver um à disposição). Esse documento pode ser atualizado regularmente conforme for descobrindo maneiras adicionais de completar com sucesso o trabalho em questão;
- **Grave seu trabalho**: grave uma tarefa em vídeo ou áudio conforme for trabalhando nela, na qual você possa explicar verbalmente o que está fazendo. Gravações podem ser uma maneira fácil de lembrá-lo de como completou as tarefas;
- **Use acordos de nível de serviços** (*SLAs – service level agreements*): essas ferramentas são contratos que listam os prazos e o que deve ser entregue em relação a um processo ou tarefa em particular. Sempre que uma tarefa é repetida, um SLA se torna um guia útil a respeito de qual é a qualidade do trabalho e dos serviços esperados (pelos seus colaboradores ou clientes para os quais você está completando uma tarefa);
- **Modelos e configurações iniciais**: Com trabalhos que serão duplicados, pode ser que haja modelos e configurações iniciais em um sistema ou software que podem ser salvos e usados toda vez que a mesma tarefa for repetida.

52

SAIA DA ZONA DE CONFORTO

> *Não tenha medo do que pode dar errado;*
> *pense no que pode dar certo.*

Para crescer e prosperar, é preciso estar disposto a fazer mudanças, experimentar e fazer as coisas de maneiras diferentes. Você tem que sair de sua zona de conforto.

Uma zona de conforto é um estado mental no qual as coisas são familiares e você sente que está no controle, livre de estresse e relaxado. Exemplos incluem passar anos no mesmo emprego, completar seu trabalho do mesmo jeito todos os dias, viver na mesma casa durante toda a sua vida adulta ou sempre dirigir carros da mesma marca.

Se tiver resultados muito bons no trabalho e não tiver o desejo de mudar, você é uma pessoa muito afortunada. Mas, se precisar melhorar seu desempenho, então vai precisar sair da zona de conforto.

- Se precisa melhorar as vendas, você pode ter que parar de confiar na sua base atual de clientes e, em vez disso, encontrar e fazer conexões com novos consumidores;
- Se seu processo atual de desenvolvimento de produtos estiver demorando tempo demais e você precisa encurtá-lo, talvez seja necessário fazer uma reengenharia e aprender a usar novos sistemas e processos;
- Se perceber que sua personalidade discreta e introvertida está prejudicando seu progresso, talvez tenha que encontrar outras maneiras de demonstrar seu valor e conseguir uma promoção.

Ser consistentemente produtivo significa se livrar de zonas de conforto sempre que possível. Considerando que nem sempre é óbvio perceber que estamos presos em uma zona de conforto e que é necessário ter um grau alto de autoanálise, o importante é sempre estar disposto a adotar novas abordagens para melhorar a produtividade, desde aprender uma nova linguagem de programação até mudar os processos da cadeia de suprimentos, ou dominar uma nova *soft skill*, como ser mais persistente ou empático.

ENTRE EM AÇÃO

Aceite as mudanças
Aceite que mudanças sempre acontecem em todos os aspectos da vida. Pare por um momento para pensar em todas as mudanças que observou e experienciou em sua vida e carreira. Você pode lutar contra elas, ficar irritado ou pode desenvolver o hábito de abraçar a mudança. Em sua vida profissional, você vai acabar encarando inúmeras mudanças, tais como novas maneiras de criar relatórios, modos mais modernos de trabalhar, novos colegas que passam a fazer parte de sua equipe e a modernização de sistemas. Não importa se uma mudança for pequena e fácil ou grande e desafiadora; tente entender por que ela está acontecendo, como você pode se adaptar a ela e como é possível adotá-la para trabalhar com sucesso. Ao desenvolver o hábito de aceitar e deixar as mudanças fluírem, está permitindo que sua zona de conforto continue se expandindo.

Reveja seu caminho preferido
A ideia aqui se refere a parar de fazer as coisas de que gosta muito porque elas não servem mais. Elas podem ter lhe ajudado no passado, mas esse não é mais o caso. Para dar um exemplo, você pode adorar ser conhecido em sua equipe como a pessoa que é especialista em um processo em particular, com habilidades tão lendárias que frequentemente faz o trabalho de outras pessoas para elas. Abrir mão dessa posição e fazer uma reviravolta, delegando partes do processo para outras pessoas, pode ser doloroso, mas também pode ser a única maneira de melhorar sua produtividade.

Prepare-se para o desconforto
Adotar um novo hábito ou processo pode ser incômodo e, no curto prazo, até mesmo afetar seu nível de desempenho do trabalho. Isso é normal. Persista e mantenha o objetivo final em mente. Você não vai demorar para começar a sentir os benefícios.

53

PARE DE ATRAPALHAR SEU PRÓPRIO PROGRESSO

| *Silencie seu crítico interior.*

Pensamentos críticos e derrotistas podem transformá-lo em seu pior inimigo na tentativa de se tornar uma pessoa mais produtiva. Para alguns de nós, isso é simplesmente aquele momento de dúvida quanto a como podemos nos adaptar a algo novo. Mas, para outros, o pensamento negativo pode ser autossabotante e ainda ter efeito paralisante, com o chamado "crítico interior" questionando tudo que querem fazer:

- "Não vou conseguir cumprir o prazo, então não faz sentido tentar terminar o trabalho a tempo";
- "Não sou bom o bastante para liderar a equipe, então é aceitável que eu jamais seja promovido ao cargo de gerente de projetos";
- "Sempre chego atrasado nas reuniões da equipe, então não há problema se eu nunca for convidado a coordenar as discussões do nosso departamento";
- "Eu não mereço ser o primeiro a terminar, por isso não vou nem me dar ao trabalho de tentar fazer isso";
- "Nunca terei a coragem de dizer 'não', por isso tenho que aceitar o fato de que sempre serei uma pessoa que vive para agradar os outros e sobrecarregada de trabalho".

Se você dominar os conselhos oferecidos neste livro, ainda assim nada vai importar se o seu crítico interior sempre estiver esperando nas coxias para sabotá-lo.

Escutar constantemente à voz interior que lhe diz que você não é bom o bastante acaba com sua energia e produtividade, mas você pode aprender a controlá-la e ser menos impactado por ela.

ENTRE EM AÇÃO

Assuma o controle
Ensine a si mesmo a não reagir de maneira exagerada a cada pensamento e preocupação que surjam em sua cabeça, em especial quando estiver fazendo uma tarefa nova ou difícil e sua mente estiver listando tudo que pode dar errado.

- Encontre maneiras de ficar mais calmo por meio da prática regular de meditação, exercícios de respiração, ioga ou qualquer outro tipo de atividade tranquilizante. Uma mente mais calma tem menos probabilidade de reagir com muita intensidade a pensamentos ansiosos e preocupações que surgem subitamente em sua cabeça;
- Entenda que esses pensamentos aleatórios e críticos não são *você* — e que pode refutá-los dizendo, em silêncio: "obrigado por compartilhar suas preocupações comigo, mas você já pode ir embora agora. Estou bem e sou perfeitamente capaz de alcançar meu objetivo";
- Procure apoio de colegas de confiança, amigos próximos ou familiares, abrindo-se sobre como às vezes se autossabota, pedindo que estejam prontos para lhe dar palavras de estímulo úteis e positivas sempre que precisar de ajuda para afastar monólogos internos negativos.

Seus pensamentos críticos e derrotistas podem estar com você desde a infância e suas causas podem estar ligadas a características de sua personalidade e autoestima. Como resultado, você pode precisar de ajuda de um terapeuta profissional para eliminá-los. O ideal é que essa pessoa seja especializada em terapia cognitiva comportamental (TCC). A TCC baseia-se na ideia de que mudar hábitos e pensamentos negativos pode melhorar sua vida e o desempenho no trabalho.

54

CRIE O AMBIENTE FÍSICO IDEAL

| *Encontre seu lugar feliz.*

Todos nós somos criaturas que gostam de conforto. Assim como qualquer pessoa, você vai ter dificuldades para ser produtivo se ficar distraído devido a fatores ambientais, tais como sentir calor demais ou estar cercado por muita poluição, ruídos ou vibrações. Pesquisas confirmam a importância de seu ambiente para a produtividade:

- Em um artigo publicado pelo Departamento de Energia do Gabinete para Informações Técnicas e Científicas dos Estados Unidos, os pesquisadores demonstraram que a produtividade de uma pessoa é impactada pela temperatura de seu ambiente de trabalho;
- Uma pesquisa feita em 2019 com 2 mil pessoas no Reino Unido, Estados Unidos e Austrália, pela empresa de pisos Interface e pelo instituto Radius Global Market Research, relatou que 69% dos entrevistados disseram que níveis de ruído nos locais de trabalho tinham impacto negativo em seus níveis de produtividade, criatividade e concentração;
- Em uma pesquisa de 2017 apresentada na *Harvard Business Review*, pesquisadores estadunidenses relataram que melhor qualidade do ar se correlaciona com melhor desempenho em tomadas de decisão;
- Um artigo da City University London, que analisou vários outros estudos, concluiu que há uma forte associação entre a qualidade da iluminação em um local de trabalho e o desempenho das pessoas que ali trabalham.

Sendo assim, como você pode criar o ambiente de trabalho ideal para a produtividade?

ENTRE EM AÇÃO

Descubra o que funciona para você e seus colaboradores
Cada pessoa é única e a temperatura que você acha confortável pode ser gelada para outras. O segredo é encontrar o equilíbrio correto que funcione para todos que compartilham a mesma área de trabalho.
Concentre-se nos elementos-chave:
- **Circulação de ar**: evite uma sala abafada, sem ar fresco. Conforme você passa mais tempo nesse lugar, o ar vai ficar parado e o nível de oxigênio cai, deixando-o mais sonolento e menos atento. Talvez seja interessante fazer um experimento com um pequeno ventilador na sua estação de trabalho ou deixar uma janela parcialmente aberta;
- **Iluminação**: se precisar investir em uma iluminação melhor, considere a possibilidade de trocar algumas lâmpadas brancas desconfortáveis por outras com tons amarelados e mais quentes;
- **Ruído**: se você vive em um ambiente barulhento, talvez seja hora de pedir aos outros para serem mais quietos, diminuir o volume do rádio no escritório ou deixar sua porta fechada;
- **Temperatura**: você normalmente sente muito frio ou muito calor ao trabalhar em sua escrivaninha? Talvez precise trabalhar com um ventilador ou um aparelho de ar-condicionado durante os meses de verão e garantir que, durante o inverno, o sistema de aquecimento não esteja funcionando em temperaturas altas demais para que você não sinta calor e desconforto.

Mude de lugar, se necessário
Se você estiver em uma posição de poder escolher o lugar de onde trabalha, e sente dificuldade de trabalhar bem em seu ambiente de trabalho atual, considere mudar para um melhor.
- Se trabalha em casa, considere a possibilidade de mudar o escritório para outro cômodo;
- Na empresa, procure uma área de trabalho vazia que tenha mais iluminação natural ou que seja mais tranquila.

55

IDENTIFIQUE SEUS LAPSOS

| *Cuide dos minutos, e as horas vão cuidar de si mesmas.*

Não importa o quanto você pense que é eficiente. Se não acabar com as pequenas lacunas improdutivas, nunca vai conseguir otimizar seu desempenho. É como ter um pequeno furo no pneu do carro, o qual deixa o ar escapar lentamente por pequenas perfurações que você não conseguiu localizar e consertar.

Pequenos momentos de tempo desperdiçado podem passar despercebidos por seu radar, mas juntos eles lentamente vão drenar seu tempo e também sua energia. Por exemplo, pense em todo o tempo perdido quando você:

- Fica deitado na cama, depois que o despertador toca, preocupado com questões do trabalho;
- Lê cada e-mail atentamente, mesmo quando sabe que não são importantes;
- Passa constantemente de uma tarefa para outra e precisa de tempo para voltar a se aclimatar com cada tarefa que interrompeu anteriormente;
- Sempre chega cinco ou dez minutos adiantado em cada reunião e fica sentado sem ter o que fazer, quando poderia estar terminando de redigir um e-mail importante;
- Interrompe o trabalho a cada poucos minutos para verificar as redes sociais;
- Deixa sua mente devanear durante as reuniões.

Isolados, nenhum desses escoadouros de tempo é particularmente devastador, mas eles quase nunca existem isoladamente. É preciso enfrentar todos os seus lapsos de produtividade para agir sempre da maneira mais eficiente, reservando tempo para descobrir quais são eles e como consertá-los.

ENTRE EM AÇÃO

Identifique os lapsos

Com o tempo, lapsos de produtividade se acumulam. Por isso, tente resistir à tentação de considerá-los como incômodos triviais ou pequenos demais para valer a preocupação. Coisas pequenas que acontecem regularmente com facilidade podem se transformar em um problema maior. Dez minutos por dia equivalem a quarenta horas por ano, o equivalente a uma semana inteira de trabalho perdida.

No decorrer de algumas semanas, observe como você usa seu tempo e perceba os pequenos comportamentos que podem ser qualificados como lapsos de produtividade. Para cada hábito potencialmente improdutivo, decida se deve:

- Eliminá-lo, porque isso claramente é um desperdício de tempo e energia; ou
- Continuar com ele, porque pode ser um hábito benéfico de enfrentamento. Pode ser um momento para desestressar e se afastar de sua carga de trabalho. Hábitos de enfrentamento podem ter impacto positivo em sua produtividade geral.

Supere hábitos improdutivos

Decidir como vai superar hábitos improdutivos depende do que eles são. Você vai encontrar conselhos no decorrer deste livro para enfrentar os principais culpados.

Não se culpe

Não fique se torturando por causa dos escoadouros de produtividade. Faz parte da natureza humana perder alguns minutos aqui e ali, pensando ou fazendo coisas que podem não ser úteis para você nem para seu trabalho. O mais importante é ter certeza de que, hoje, você está comprometido com a ação.

56

DOMINE O TRABALHO HÍBRIDO

| *Você pode ser produtivo onde quer que esteja trabalhando.*

A pandemia global da Covid-19 forçou muitos de nós a trabalharmos em nossa própria casa por longos períodos, e a nova norma é dividir a semana de trabalho entre jornadas na empresa e no *home office*. Temos a tendência de trabalhar melhor quando nos sentimos motivados pelo nosso ambiente de trabalho. E, felizmente, a maioria das pessoas gosta do trabalho híbrido:

- Uma pesquisa global feita pela Accenture em 2021, com mais de 9 mil pessoas, descobriu que 83% preferem o trabalho híbrido, principalmente quando podem trabalhar em casa pelo menos 25% do tempo;
- 77% dos entrevistados do Reino Unido em uma pesquisa global feita pelo grupo de recrutamento Adecco em 2021 também disse que gostam de misturar o trabalho feito em casa com idas à empresa.

Combinar o trabalho feito em casa com as idas ao escritório traz uma série de prós e contras:

Possíveis prós do trabalho híbrido	Possíveis contras do trabalho híbrido
Oportunidade de trabalhar tranquilamente em casa, sem a interrupção dos colegas do escritório ao redor.	Interrupções dos familiares.

É possível planejar o trabalho presencial para quando se está no escritório, e deixar o trabalho que você pode fazer sozinho para quando estiver em *home office*.	Necessidade de levar seus equipamentos e materiais do escritório de casa para o trabalho e vice-versa.
Menos tempo gasto em trânsito indo para empresa todos os dias.	Surgimento da tendência de ter escrivaninhas compartilhadas e não ter o próprio espaço de trabalho permanente.
Em casa, há mais liberdade para planejar como vai trabalhar e como o dia é usado.	É mais difícil planejar sessões de trabalho presenciais se os funcionários não estão na empresa nos mesmos dias.

O segredo para o sucesso é otimizar os prós e garantir que os contras não impactem negativamente a produtividade.

ENTRE EM AÇÃO

Otimize os pontos positivos
Ao trabalhar de casa, você pode decidir de que forma vai ser produtivo sem precisar parecer ocupado e sem precisar ficar o tempo todo sentado à sua mesa. Ninguém pode vê-lo ali e você pode usar essa liberdade de maneira positiva, fazendo experiências e encontrando maneiras de trabalhar que sejam realmente adequadas à sua personalidade, às suas motivações e aos seus níveis de energia.

Isso pode significar que você trabalha intensivamente durante algumas horas antes de parar para fazer uma caminhada ou ir à academia antes de voltar para a mesa de trabalho.

Como alternativa, você pode preferir começar a trabalhar às seis horas da manhã e encerrar o dia de trabalho no início da noite, com uma longa pausa no meio do dia.

Você também pode decidir quais tarefas são mais adequadas para serem feitas em casa e quais são melhores em um ambiente mais colaborativo, como o escritório da empresa. Para garantir que seu tempo na empresa seja tão produtivo quanto possível, por que não combinar com seus colegas e coordenar dias específicos da semana quando todos estarão juntos e, então, agendar reuniões ou atividades em grupo que se beneficiariam do trabalho presencial nesses dias?

Minimize os pontos negativos
Tente fazer com que o trabalho em casa seja tão eficiente e produtivo quanto estar no escritório e explore o seguinte:
- Estabeleça limites com as pessoas com quem você mora acerca do tempo que precisa ser deixado sozinho para se concentrar. Pode ser que você precise se trancar em algum cômodo e dizer à família que há momentos em que não pode ser incomodado;
- Se tiver problemas com a conexão à internet, verifique a possibilidade de aumentar a velocidade de acesso e banda larga;
- Use a oportunidade de trabalhar sozinho para planejar o dia de maneira que funcione bem para você;
- Se tiver dificuldade para produzir em casa, seu chefe provavelmente vai apreciar sua honestidade e ficar feliz em tê-lo no escritório com mais frequência do que a empresa normalmente exige.

57

PROCURE UM MENTOR

| *É mais fácil seguir os passos de outra pessoa.*

Um mentor pode levar seu desempenho a um patamar mais alto, ajudando-lhe a dominar todos os tipos de maneira produtiva de trabalhar. As pessoas frequentemente ficam confusas com a diferença entre mentoria e coaching, então vamos usar a definição do Conselho Europeu de Mentoria e Coaching. Mentoria é "uma relação de aprendizado que envolve o compartilhamento de habilidades, conhecimento e expertise entre um mentor e um pupilo por meio de conversas focadas em desenvolvimento, compartilhamento de experiências e emulação de modelos. Essa relação pode cobrir uma ampla variedade de contextos e é uma parceria inclusiva de mão dupla para aprendizado mútuo que valoriza as diferenças".

Em anos recentes, as mentorias ficaram mais disseminadas e muitas pessoas renomadas e bem-sucedidas falaram sobre seus próprios mentores:
- Bill Gates falou sobre a importância dos conselhos e da mentoria que recebeu de Warren Buffet;
- Sir Richard Branson disse, certa vez, que a mentoria (relacionada ao setor de aviação) dada por Sir Freddie Laker foi muito valiosa.

Mentorias de boas práticas consistem em conversas entre você e seu mentor, durante as quais os dois podem conversar e explorar reservadamente qualquer tópico ou questão que pode lhe ajudar a aprender e crescer. Do ponto de vista da produtividade, o mentor ideal deve ajudá-lo a se tornar um expert, abordando quaisquer questões relacionadas ao seu desempenho e outros desafios que você enfrenta atualmente, tais como:
- Aprender a priorizar tarefas;
- Melhorar na questão do gerenciamento do tempo;

- Saber dizer "não" quando necessário;
- Manter sua concentração e energia;
- Lidar com a sobrecarga;
- Evitar distrações;
- Otimizar as reuniões;
- Eliminar a sobrecarga de e-mails.

ENTRE EM AÇÃO

Decida que tipo de ajuda você precisa
Antes de abordar mentores em potencial, é preciso saber o que deseja aprender e explorar com ele. Compare isso com qualquer feedback que tenha recebido de seu chefe, de membros da sua equipe, de colegas de trabalho e outras pessoas interessadas por meio de avaliações de desempenho ou feedback de 360 graus. Compartilhe com seus colaboradores os planos de trabalhar com um mentor e pergunte a eles em quais problemas ou desafios em particular você deveria se concentrar.

Encontre os mentores ideais
- Encontre um mentor formal que não seja seu chefe, pois este pode estar muito próximo para lhe oferecer conselhos independentes e objetivos, assim como dar apoio. Isso é particularmente verdadeiro se você quiser receber conselhos de seu mentor sobre como trabalhar com seu chefe!
- Pense em pedir a algum colega com mais experiência que teve vivências de trabalho similares às suas, alguém que teve sucesso em fazer aquilo que você aspira;
- Escolher um mentor em sua própria empresa é bom porque eles vão entender a cultura organizacional, os contextos, o ambiente e os atores envolvidos, mas você pode se beneficiar de uma perspectiva diferente se tiver um mentor de outra organização ou setor;
- Considere pedir a colegas que podem estar no mesmo nível hierárquico que você, ou que podem até mesmo estar em cargos inferiores, se achar que eles têm experiências ou habilidades específicas sobre as quais você gostaria de aprender mais.

58

CONFIE NOS OUTROS

| *A confiança é a cola que nos mantém juntos.*

No mundo profissional de hoje, nenhum de nós está sozinho. Todos nós dependemos de outras pessoas para alcançar o sucesso. Isso pode acontecer de muitas formas diferentes:
- Você precisa de alguém que avalie e verifique seu trabalho;
- Você precisa que outras pessoas lhe deem informações, dados ou respostas;
- Você cria soluções e respostas em parceria com colegas em uma equipe de projeto;
- Você depende de um fornecedor para lhe vender componentes;
- Você lidera uma equipe e todos precisam trabalhar juntos continuamente.

O fator principal para o sucesso em todas essas interações é a confiança. Para conseguir a maior produtividade possível, é necessário ser capaz de confiar, em todos os níveis, em todas as pessoas com quem trabalha, inclusive em promessas, projeções, declarações, metas, qualidade do trabalho e decisões.

Quando se trabalha em um ambiente sem confiança, isso resulta em trabalho adicional para você, porque pode ser que venha se sentir compelido a:
- Revisar mais de uma vez o trabalho de outra pessoa;
- Procurar uma segunda ou, às vezes, até uma terceira opinião;
- Assumir trabalhos que poderiam ser delegados;
- Fazer uma variedade de outras ações que só aumentam sua própria carga de trabalho.

Quando falta confiança, com frequência os relacionamentos se deterioram, pois a outra pessoa sente sua falta de confiança. Isso pode criar atritos e fazer com que ela fique irritada e relutante em ajudá-lo. O resultado é que você acaba tendo que fazer mais coisas do que deveria e, como consequência a isso, sua produtividade sofre.

ENTRE EM AÇÃO

Faça uma auditoria de confiança
Faça duas perguntas a você mesmo regularmente:
- O quanto confio em todas as pessoas à minha volta, e como posso maximizar esses níveis de confiança?
- Existe alguém que talvez não confie totalmente em mim? E, se existir, como posso resolver essa questão?

É muito fácil pensar em quem você confia e naquelas pessoas acerca das quais tem alguma reserva. Pode ser um pouco mais desafiador considerar quem talvez não confie completamente em você, particularmente devido à tendência humana comum de pensar que somos completamente dignos de confiança.

Com aqueles de quem suspeita que não confiam em você, tente abrir uma discussão franca e honesta para ouvir o que eles realmente pensam sobre trabalhar contigo e quaisquer preocupações que possam ter. Sinta-se livre para expressar seu desejo de conquistar e manter a confiança dessas pessoas.

Reconheça seus próprios padrões
Avalie o nível de confiança que você tem em relação a outras pessoas. Garanta que se trata de uma avaliação imparcial e que não esteja enviesada nem baseada em informações ruins:
- Você pode ter vieses inconscientes que precisam ser enfrentados, tais como confiar mais facilmente em homens do que em mulheres, ou acreditar mais prontamente no que os colegas mais velhos lhe dizem quando comparados aos mais jovens;
- Explore a possibilidade de ter alguma desconfiança em relação a algum colega devido a um erro isolado que este cometeu no passado. Pode estar na hora de esquecer isso e rever esse relacionamento;
- Pergunte-se se tende a confiar nas pessoas com muita facilidade de acordo com características positivas da personalidade. O simples

fato de uma pessoa ser amistosa não faz com que ela necessariamente seja boa no que faz. Você pode precisar aprender a ser mais equilibrado e objetivo em como forma suas opiniões sobre as pessoas.

59

DOMINE SUA MEMÓRIA

> *Sua memória é um músculo.*
> *Lembre-se de exercitá-la.*

A menos que você tenha a chamada "memória fotográfica", há um limite quanto ao que é capaz de memorizar. Todos nós já tivemos momentos em que esquecemos o aniversário de um amigo ou onde estacionamos o carro. Mas e se você se esquecer de alguma coisa que impacte negativamente seu desempenho, como:
- O conteúdo de uma apresentação importante que você vai fazer em vinte minutos;
- O prazo de entrega de um trabalho ou documentos que o sujeitam a uma multa;
- O que um cliente pediu ou o que foi acordado em uma reunião do departamento?

É natural se esquecer de coisas quando se confia apenas na própria memória. Vários estudos confirmaram a validade da chamada "curva do esquecimento", que foi descoberta há um século por Hermann Ebbinghaus. Ela mostra que, sem ferramentas ou sistemas de retenção, nós rapidamente nos esquecemos do que acabamos de aprender ou do que ouvimos. Em média, nós esquecemos:
- 50% depois de uma hora;
- 70% depois de um dia;
- 90% depois de uma semana.

Além disso, ao tentar lembrar alguma informação, nós usamos uma parte do poder de processamento do cérebro que poderia ser mais bem usada em atividades mais importantes. Isso foi confirmado em uma pesquisa da Universidade de Münster, publicada no periódico *Ergonomics*, que descobriu que o processo de tomada de decisão das pessoas melhorava (e que elas ficavam menos estressadas) quando tinham acesso on-line às informações comparado a terem de memorizá-las e se recordarem das mesmas coisas sem ajuda externa.

Você vai aumentar sua produtividade se aceitar como é fácil se esquecer das coisas e, em vez de confiar na própria memória, usar outros métodos e ferramentas para ajudá-lo a se lembrar de fatos, datas e informações importantes.

ENTRE EM AÇÃO

Anote
Desenvolva o hábito de anotar no papel ou em algum dispositivo eletrônico tudo que precisa ser lembrado mais tarde:
- Durante ou imediatamente após uma reunião, anote as decisões importantes, ações e pontos de concordância. Isso pode ser compartilhado posteriormente como uma ata da reunião ou plano de ação;
- Em reuniões à distância por meio de plataformas como Zoom, Webex e Microsoft Teams, é possível, com o consentimento dos participantes, gravá-las para que possam ser consultadas mais tarde;
- Depois de um telefonema ou discussão importante, mande um e-mail que resume os pontos que foram acordados;
- Use o celular como gravador para gravar apontamentos ditados;
- Ao conhecer pessoas novas, tome nota de seus nomes e detalhes importantes, de modo que, quando os encontrar novamente, você não cause nenhuma gafe;
- Tire fotos ou prints das coisas que gostaria de consultar mais tarde.

Verifique as coisas mais de uma vez
Para ajudá-lo a se lembrar do que está ouvindo hoje, pratique as habilidades de escuta ativa que foram exploradas no capítulo 38, incluindo esclarecer e resumir o que uma pessoa disse.

Aprimore a memória
Sempre haverá momentos em que não vai conseguir registrar tudo que é compartilhado com você, ou que não terá acesso a atas de reuniões anteriores e e-mails de confirmação, ou um colega a quem possa perguntar. Para se lembrar do que foi discutido, vai ser necessário confiar na

própria memória. Mantenha a mente afiada com exercícios mentais e atividades. Exercitar o cérebro é bem parecido com exercitar qualquer outro músculo. Mantenha-o em boa forma e exercite-o regularmente, em especial conforme for envelhecendo.

60

ALINHE SEU TRABALHO COM O DA EQUIPE

| Nade a favor da corrente, não contra ela.

Quando você trabalha bem com os colegas e quando todos os seus planos, cronogramas e decisões estão alinhados, tudo parece ser mais fácil de alcançar, incluindo as próprias metas e objetivos. Criar e manter esse nível de alinhamento e coordenação não é fácil, porque é muito frequente as pessoas trabalharem de maneiras desconectadas, seja por acidente ou de modo intencional. Aqui estão alguns exemplos que talvez reconheça:

- Você cria uma previsão orçamentária detalhada para o lançamento de um produto e descobre que um colega do departamento financeiro passou horas criando uma previsão similar. Vocês dois desperdiçaram tempo valioso e não conseguiram unir esforços para produzir uma previsão alinhada;
- Você planeja uma reunião de avaliação de projeto, mas metade da equipe não comparece porque outro colega convocou uma reunião departamental exatamente no mesmo horário;
- Você planeja visitar alguns clientes importantes — mas acaba descobrindo que seu colega do departamento de marketing acabou de fazer a mesma coisa. Os dois perderam a oportunidade de visitá-los juntos e você sabe que não pega muito bem se fizer essas mesmas visitas logo em seguida de seu colega.

Problemas de alinhamento e coordenação normalmente são resultados de má comunicação, mas também são causados por pessoas que trabalham em suas próprias bolhas, sem se importarem com o que os outros estão fazendo. Além de desperdiçar tempo, dinheiro e energia, isso é pouco produtivo porque os envolvidos fracassam em criar sinergias positivas. É desmotivante e as discordâncias resultantes podem se transformar em conflitos abertos. Em um ambiente como esse é impossível ser produtivo.

ENTRE EM AÇÃO

Seja aberto e compartilhe informações

Faça reuniões regularmente com os demais colegas. Tenha reuniões de acompanhamento com colaboradores para conversar sobre os projetos nos quais cada um está trabalhando naquele momento e para planejar o que deve ser feito durante as próximas semanas. Esteja aberto para encontrar sinergias em termos de como vocês podem se ajudar mutuamente e seja honesto a respeito de onde podem surgir discordâncias e conflitos.

Alinhem as agendas. Compartilhe seu cronograma próprio e se esforce para verificar as agendas de outras pessoas quando as convidar para participar de reuniões importantes, para assim evitar criar eventos conflitantes.

Além de reuniões internas, coordene também datas e horários de eventos importantes. Por exemplo, você pode se juntar a um colega em visitas externas a clientes ou fornecedores.

Sincronize as listas de tarefas e planos de ação. Compartilhe-os com quaisquer colegas cujo trabalho tenha áreas em comum com o seu ou onde um depende do outro. Use o bom senso para decidir quais aspectos do trabalho de cada um precisa ser alinhado, em termos de objetivos ou indicadores de desempenho, tarefas a cumprir e volume de trabalho, ou no uso de recursos compartilhados.

Cuidado com a política interna

Haverá momentos em que um colega talvez não esteja disposto a ajudá-lo, pois está ocupado demais ou por sentir inveja e receio de seu sucesso. Infelizmente, existem muitas pessoas que gostam de ver os colegas passarem por dificuldades ou até mesmo fracassarem em projetos. Para continuar produtivo, você vai precisar decidir qual é a melhor maneira de agir em situações como essas.

- Você pode ficar em silêncio e simplesmente fazer o trabalho sozinho, ou encontrar outras pessoas para lhe ajudar;

- Você pode reduzir sua dependência futura ao mudar como faz as coisas;
- Se não conseguir ter um bom desempenho sem a ajuda e o apoio de seu colega relutante, talvez seja preciso levar a questão para a chefia.

61

LEVANTE-SE ENQUANTO ESTIVER TRABALHANDO

| *Todos nós precisamos passar mais tempo em pé.*

A British Heart Foundation, do Reino Unido, estima que passamos em média 9,5 horas por dia sentados, e o número aumenta se você trabalha em um escritório e se desloca de casa para a empresa.

Há benefícios bem documentados sobre trabalhar em pé. Em uma pesquisa publicada em 2016, no periódico *IIE Transactions on Occupational Ergonomics and Human Factors*, um grupo de funcionários de uma central de atendimento receberam escrivaninhas adaptadas para que trabalhassem em pé e a produtividade deles aumentou em pelo menos 45%. Uma conclusão similar foi alcançada em um estudo publicado no *British Medical Journal*, em 2018, feito com funcionários do sistema público de saúde do Reino Unido que podiam trabalhar em pé em escrivaninhas elevadas. Em ambos os estudos as pessoas estavam menos cansadas, mais felizes e o desempenho no trabalho melhorava quando comparado ao de colegas que estavam sentados em escrivaninhas de altura normal. Ficar em pé também pode melhorar outros aspectos da saúde, como descreveu um estudo de 2016 no *Journal of Physical Activity and Health*, dizendo que queimamos mais calorias quando estamos em pé em comparação a quando estamos sentados.

Ao fazer reuniões e discussões individuais em pé (ou mesmo caminhando), também há benefícios à produtividade:
- Reuniões em pé tendem a ser muito mais efetivas se comparadas àquelas em que todos os participantes se sentam ao redor de uma mesa. Quando todos estão em pé em um círculo, a reunião tende a ser mais rápida e mais eficiente. Todos ficam mais focados, pois não se distraem tão facilmente com seus computadores, papéis ou celular;

- Reuniões em pé também melhoram a qualidade da discussão e processos de *brainstorming*. Um estudo feito nos Estados Unidos em 2014, e publicado no periódico *Social Psychological and Personality Science*, mostrou que as pessoas que ficam em pé têm maiores probabilidades de se abrir e compartilhar ideias.

Isso também se aplica quando a reunião envolve um grupo ou reuniões individuais com um colega, ou mesmo fazer uma caminhada para conversar sobre o acompanhamento de um projeto.

ENTRE EM AÇÃO

Chega de ficar sentado

Procure oportunidades para ficar em pé em sua vida diária.
- Esqueça a escrivaninha com altura normal e use uma mesa com altura ajustável, de modo que possa se levantar regularmente para fazer seu trabalho;
- Se para ir trabalhar você usa o transporte público, experimente ficar em pé;
- Quando estiver em pé, fique com a coluna ereta. Evite encurvar os ombros ou deixar o pescoço tombar para a frente. Você pode fazer com que isso aconteça se erguer o celular, tablet, jornal ou livro até o nível dos olhos, em vez de segurá-los em posição mais baixa;
- Seria difícil passar o dia inteiro em pé. Faça pausas curtas e use sapatos confortáveis para aliviar a pressão nos pés.

Ande, converse e pense

Caminhar vai ajudá-lo a se manter fisicamente ativo e também ajuda a manter a mente renovada e alerta. Quando quiser refletir acerca de alguma coisa, saia para fazer uma caminhada, mesmo que seja apenas ao redor da empresa em que trabalha ou de sua casa.

Tente fazer telefonemas enquanto estiver caminhando. Use um fone de ouvido e leve um bloco de notas para capturar os pontos-chave das conversas que tiver.

Use o celular ou o *smartwatch* para contar quantos passos você dá a cada dia e estabeleça metas diárias.

Levante-se e converse
Faça suas reuniões em pé, a menos que sejam muito longas. Nessas situações, você pode alternar partes em que os participantes fiquem em pé ou sentados.

Durante as reuniões on-line, levante-se e deixe a tela de seu computador na mesma altura da sua cabeça. Tente participar delas pelo celular, de modo que consiga caminhar enquanto escuta e fala.

Se estiver acostumado com as metodologias de trabalho *scrum* e *agile* (ágil, em inglês), você já deve até estar habituado a fazer reuniões diárias em pé. Se não estiver, pode levar algumas semanas até que você e seus colegas se acostumem a ficarem em pé.

62

SAIBA POR QUE VOCÊ ESTÁ FAZENDO O QUE FAZ

> *Sempre saiba o "porquê" – isso vai dar razão e significado ao seu trabalho.*

Pelo menos um terço de nós acha que o trabalho que fazemos não tem sentido. Uma pesquisa do YouGov, de 2015, mostrou que 37% dos entrevistados no Reino Unido disseram que o trabalho deles não rendeu nada que considerassem significativo, sendo que apenas 50% disseram o contrário e os outros 13% não tinham certeza. Em uma pesquisa com 12 mil profissionais, citada no Fórum Econômico Mundial de 2017, metade dos entrevistados disse que seus empregos não tinham importância nem significado para eles. Em anos recentes, particularmente desde a pandemia da Covid-19, essas porcentagens (que já são altas) provavelmente aumentaram.

Que chances você tem de apresentar um bom desempenho e ser produtivo se achar que seu emprego não tem importância? É muito mais fácil trabalhar duro, alcançar a excelência e investir a concentração e o esforço de que precisa em uma tarefa quando conhece o propósito e significado por trás de seu trabalho.

Trabalhar todos os dias sem que isso tenha algum significado é entediante, desmotivador e potencialmente capaz de destruir a alma de uma pessoa. Fiódor Dostoiévski observou que, para despedaçar uma pessoa, basta lhe dar trabalhos sem um significado intrínseco para fazer — uma tática que supostamente foi usada nos gulags soviéticos, onde prisioneiros enlouqueciam por serem forçados a cavar buracos no chão e tapá-los logo em seguida.

O nível de significado de um trabalho em particular depende de você ser capaz de visualizar o que vai acontecer depois que ele termina. Isso está relacionado a ter uma visão geral do projeto de modo que consiga ver a parte que está sob sua responsabilidade em sua própria organização e além.

ENTRE EM AÇÃO

Encontre significado e propósito
Toda vez que assumir um trabalho, pense no motivo pelo qual ele precisa ser completado e em para que ele será usado. Você pode precisar ser persistente, pois seus colegas mais experientes provavelmente não estarão acostumados com perguntas quanto ao valor de tarefas individuais. Talvez eles não tenham a resposta, mas continue a perguntar. Uma vez que entenda como o seu trabalho se encaixa no cenário geral, ele vai ganhar mais significado para você, que, por sua vez, pode ficar mais focado e produtivo. Se o seu emprego envolve criar relatórios detalhados, por exemplo, você deve saber por que eles são necessários, quem os lê e como são usados.

Faça as mudanças necessárias
Resista e diga "não" se tiver a impressão de estar repetidamente recebendo pedidos para fazer trabalhos que não tem um valor real para sua organização e/ou nenhum sentido para você. Se ninguém realmente usa os relatórios que escreve, converse com seu chefe para descobrir como o seu tempo pode ser mais bem aproveitado. Se não conseguir fazer com que a sua carga de trabalho tenha mais significado, talvez seja um bom momento para mudar de empresa.

Ajude outras pessoas a encontrar um significado
Garanta que todo mundo com quem você trabalha também sabe do valor e da importância do próprio trabalho. Não basta que só recebam um bom salário. Em algum momento da nossa vida, nós procuramos mais do que apenas recompensas monetárias em troca de nosso esforço. Também precisamos de propósito.

CHEGA DE FAZER HORA EXTRA

| *Menos é mais.*

Quando se pensa em pessoas produtivas, a tendência é imaginar alguém que trabalha sem parar e passa mais tempo no trabalho do que a maioria. Se é assim que você pensa, está errado. As pessoas mais produtivas sabem que, quanto mais tempo se passa trabalhando, menos produtivo se é.

De acordo com uma pesquisa publicada em 2014 pelo professor John Pencavel, da Universidade de Stanford, o número mágico de horas para trabalhar a cada semana é cinquenta — acima disso sua produtividade por hora despenca. Ele descobriu que, ao exceder 55 horas por semana, quaisquer horas além desse limite resultam em zero desempenho extra. Em outras palavras, você provavelmente está desperdiçando tempo, além de provavelmente estar caindo de sono no trabalho! A ideia de que trabalhar menos é mais produtivo foi confirmada por várias pesquisas:

- Um estudo publicado na *Harvard Business Review*, em 2015, por Erin Reid descobriu que gerentes de linha de produção não conseguiam perceber nenhuma diferença na quantidade de trabalho concluído por funcionários que trabalhavam 80 horas por semana quando comparados com aqueles que só fingiam que passavam todo esse tempo trabalhando;
- Em um estudo japonês publicado em 2021 por Shangguan *et al.*, pesquisadores concluíram que trabalhar por menos horas aumentava a produtividade de uma pessoa, em parte porque ela ficaria menos cansada e cometeria menos erros.

A mensagem é clara: concentre-se em trabalhar bem durante um máximo de 50 horas por semana e não se engane ao pensar que trabalhar por mais tempo vai fazer seu desempenho melhorar.

ENTRE EM AÇÃO

Trabalhe de acordo com os horários estabelecidos
Estabeleça uma meta de trabalhar apenas de acordo com a política da empresa e seu contrato de trabalho. Não porque esteja teimando em seguir as regras, mas para garantir que você fique abaixo do limite mágico das 50 horas por semana, evitando declínios na produtividade.

O número normal de horas de trabalho varia de um país para outro, mas tipicamente está entre sete e oito horas por dia. Assim, em uma semana típica, você pode passar 40 horas no escritório, trabalhando. Quando acrescentar algumas horas para verificar seus e-mails em casa e, ocasionalmente, ficar no escritório uma ou duas horas depois do horário, você estará perto das 50 horas, mas esse deve ser o máximo absoluto.

Se tudo ocorrer bem, você logo vai trabalhar de maneira suficientemente inteligente para evitar essas horas extras, e pode até mesmo ter condições de passar para uma semana de quatro ou três dias!

Quando precisar trabalhar além do horário normal, logo depois tente descansar e se recuperar com meio dia de folga. Se não aproveitar esses períodos de recuperação, é provável que fique esgotado e venha a sofrer de *burnout* depois de algum tempo, como já vimos.

Nunca apoie outras pessoas a trabalhar demais
Se você depende de outras pessoas para completar o próprio trabalho, não faz sentido que trabalhe uma quantidade razoável de horas quando outras pessoas precisam trabalhar de 60 a 80 horas por semana. Em algum momento, essas horas a mais vão impactar a qualidade do serviço delas, assim como seus níveis de motivação. Ajude e estimule esses colegas a trabalhar de maneira mais inteligente, a trabalhar a quantidade de horas estabelecida em seus contratos e a evitar fazer horas extras de modo contínuo.

64

PLANTE SEMENTES

| *Plante hoje a semente que será uma árvore amanhã.*

Ter um bom desempenho *hoje* frequentemente é o resultado dos alicerces construídos meses, ou mesmo anos, atrás. Para maximizar sua produtividade no futuro, é preciso investir tempo e esforço em coisas que não necessariamente lhe darão resultados instantâneos, mas que serão os alicerces para o sucesso futuro. É uma questão de fazer escolhas hoje que podem não trazer benefícios em curto prazo, mas que têm o potencial de serem muito produtivas em longo prazo. Isso pode acontecer de muitas formas diferentes:
- Investir tempo e dinheiro para aprender uma nova competência;
- Desenvolver um relacionamento profissional com um cliente que talvez só possa comprar seus produtos daqui a dois anos, porque um outro contrato fixo só vai vencer daqui a 24 meses;
- Contratar um profissional recém-formado e inexperiente, esperando que ele se transforme em um colaborador de sucesso;
- Reservar tempo para terapia ou processos de orientação profissional hoje em dia para aprimorar sua produtividade nos anos vindouros.

O segredo é estar disposto a investir tempo e energia agora, sabendo que o retorno do investimento — em termos de melhoria de performance ou produtividade — não é algo garantido e só vai aparecer no futuro.

ENTRE EM AÇÃO

Plante tantas sementes quanto for possível
Pense como um jardineiro. Quais "árvores" você quer ter no futuro? Essas árvores são seus objetivos e aspirações em termos de desempenho

no trabalho e conquistas, assim como as competências que você precisa dominar. Suas árvores metafóricas lhe serão únicas e podem incluir coisas tão variadas como:
- Tornar-se um contabilista qualificado e especialista em questões tributárias;
- Ser capaz de administrar uma pequena empresa;
- Aprender a falar francês e usar o idioma no trabalho;
- Ser promovido ao cargo do seu chefe;
- Ser um *day trader* excelente;
- Tornar-se um coach qualificado;
- Ser um chefe de cozinha reconhecido;
- Trabalhar somente quatro dias por semana.

Agora, faça o caminho inverso e decida o que é preciso fazer hoje para garantir que daqui a um, cinco ou dez anos você consiga alcançar esses objetivos. Crie um plano de ação detalhado e separe o dinheiro, a energia e o tempo para começar a trabalhar nesse plano.

Não se desvie do caminho
Evite a tendência natural de se concentrar em atividades que lhe trarão recompensas mais imediatas ou que pareçam mais urgentes ou importantes se comparadas às tarefas que só trarão resultados em médio ou longo prazo. Encontre tempo para as duas. Lembre-se de que é melhor ficar sobrecarregado hoje do que olhar para trás no futuro e se arrepender de coisas que não fez.

65

SE ESTIVER EM DÚVIDA, COMUNIQUE-SE

> Aprimore suas habilidades de comunicação para trabalhar de maneira mais inteligente.

No mundo interconectado de hoje, é impossível chegar ao sucesso sozinho. Ser um comunicador eficiente é essencial. Você pode completar algumas das suas tarefas sozinho e em silêncio, mas, em algum momento, vai precisar receber informações, apoio, aconselhamento e ajuda de outras pessoas. É razoável deduzir que as habilidades de comunicação são amplamente consideradas um fator de sucesso para a carreira.

- Em uma pesquisa feita pela Associação de Contadores Licenciados da Austrália e Nova Zelândia, as habilidades de comunicação foram consideradas pelos empregadores como a competência mais importante do futuro;
- O site stem.org.uk analisou quatro pesquisas similares e chegou à mesma conclusão — de que as habilidades de comunicação são a principal competência relacionada à empregabilidade necessária no ambiente de trabalho de hoje.

Esses resultados não deveriam surpreender, porque é somente por meio da comunicação que é possível expressar qualidades essenciais como direção, instrução, empatia, respeito, sentir-se valorizado, apreciação, concordância, confiança e cordialidade. Qualidades que motivam outras pessoas a apoiá-lo em seu trabalho.

Todos nós temos potencial para melhorar. Até mesmo colegas mais experientes que alcançaram cargos de liderança têm suas dificuldades. Uma pesquisa feita nos Estados Unidos, e resumida na *Harvard Business Review*, descobriu que 69% dos gerentes não se sentem confortáveis quando precisam se comunicar com suas equipes.

Fortalecer as competências de comunicação é uma técnica fundamental de produtividade. Busque tornar-se um especialista nas formas verbais e não verbais de comunicação e aprenda a selecionar e usar o meio de comunicação ideal para cada situação que você vier a enfrentar.

ENTRE EM AÇÃO

É melhor comunicar demais do que de menos

Em pesquisas a respeito do engajamento de funcionários, é comum as pessoas reclamarem sobre falta de compartilhamento de informações. Para evitar que esse tipo de reclamação seja direcionado a você, sempre se pronuncie e compartilhe suas opiniões. Repita mensagens ou instruções importantes, faça reuniões regulares com a equipe, reuniões individuais de acompanhamento e discussões.

Domine suas palavras

Para garantir que toda comunicação seja a melhor possível, é importante dominar as quatro maneiras interconectadas pelas quais nos comunicamos:

- **Verbalmente**: enquanto estiver redigindo um e-mail, discurso ou apresentação, pense cuidadosamente naquilo que precisa dizer. Escolha palavras, expressões e argumentos que sejam apropriados. Se quiser uma segunda opinião, compartilhe a versão preliminar do seu texto com um colega de confiança e considere usar ferramentas on-line de edição de texto, como Grammarly.com, Prowritingaid.com ou Languagetool.org;
- **Não verbalmente**: ao se comunicar visualmente, certifique-se de estar no controle dos seus movimentos e expressões. Evite hábitos desconfortáveis como colocar as mãos diante do rosto quando fala, balançar os braços ou desviar o olhar;
- **Paraverbalmente**: ao conversar com outras pessoas, de modo presencial ou on-line, garanta que aquilo que você está dizendo não seja prejudicado por maus hábitos como fazer longas pausas, gaguejar ou fazer sons do tipo "hmmmm" ou "ahhhh" em excesso;
- **Aparência**: assim como a sua linguagem não-verbal jamais deveria distrair os ouvintes da mensagem, sua aparência (incluindo os trajes escolhidos) também devem apoiar a comunicação e as mensagens.

Escolha o meio correto

Para fazer com que sua comunicação seja tão impactante quanto possível, pense cuidadosamente em qual método vai usar. Isso vai depender do contexto específico, do público-alvo e do tipo de mensagem, mas normalmente inclui:

- E-mails (para uma ou mais pessoas);
- Reuniões individuais presenciais;
- Reuniões individuais por telefone ou on-line;
- Reuniões ou debates entre a equipe;
- Grandes reuniões (por exemplo, em um salão cívico);
- Escrever uma carta, memorando, blog, newsletter ou postagem on-line;
- Redigir um relatório ou artigo;
- Aplicativos de mensagens, como o Teams ou WhatsApp.

66

CELEBRE SEUS SUCESSOS

> *Depois de todo o sangue, suor e lágrimas derramados em uma tarefa difícil, não se esqueça de parar ao fim do processo e fazer um brinde.*

Quando foi a última vez que você reservou um momento para celebrar seu sucesso? A maioria de nós nunca faz isso. Nós pulamos de uma tarefa para outra sem pausar para curtir o momento. O que você pode não perceber é que é saudável e produtivo celebrar as tarefas concluídas.

Em um estudo publicado na *Harvard Business Review* que analisou 12 mil entradas em diários feitas por 238 funcionários em sete empresas, pesquisadores descobriram que observar e escrever a respeito de seus sucessos no trabalho é motivacional, e que parar para refletir em progressos positivos aumenta a autoconfiança, o que nos deixa energizados para ter um resultado ainda melhor. Assim, parar para reconhecer o sucesso aumenta a motivação e a autoconfiança.

As pessoas mais produtivas dão um passo além de simplesmente reconhecer as conquistas. Elas as celebram, sozinhas ou com suas equipes. E isso aumenta ainda mais a motivação e a autoconfiança, e traz consigo uma boa quantidade de benefícios adicionais:

- A celebração é uma forma pública e muito positiva de reconhecimento que vai fazer com que você e seus colaboradores se sintam valorizados e engajados. Por sua vez, isso tem um impacto positivo em seu desempenho futuro;
- É algo que lhe dá permissão para fazer uma pausa, recarregar e respirar um pouco antes de passar para o próximo item na sua lista de coisas a fazer;
- É uma oportunidade para explorar o que mais pode ser feito e traçar metas ainda mais ousadas. Faça a si mesmo perguntas como: "Se eu fui capaz de completar este objetivo hoje, o que mais posso completar da próxima vez?"

ENTRE EM AÇÃO

Reconheça o sucesso
Identifique e reconheça quando fez um bom trabalho. Qual é o propósito de trabalhar duramente em um projeto para então ignorá-lo no instante em que o concluiu? Supere quaisquer tendências de menosprezar suas conquistas ou de ser modesto e humilde demais quanto à sua participação. Espalhe a notícia para as pessoas relevantes, tais como seu chefe, colegas de trabalho ou clientes.

Escreva sobre suas conquistas no diário ou agenda, comentando acerca de como está se sentindo e descreva o que você fez para completar a tarefa, incluindo quaisquer macetes ou atalhos que descobriu.

Quando estiver trabalhando com outras pessoas, é ainda mais importante parar e reconhecer o que foi alcançado. Se deixar de fazer isso, você corre o risco de alienar e desmotivar seus colegas.

Explore maneiras de celebrar
É muito simples. Toda vez que conquistar alguma coisa, reserve um momento para recompensar a si e aqueles com quem trabalhou. Não importa o que você faça; garanta que seja algo positivo, construtivo, animador e motivador. Algumas ideias:
- Fazer soar um sino no escritório;
- Comprar cupcakes para a equipe;
- Criar um vídeo com toda a equipe;
- Sair com a equipe para um almoço;
- Distribuir cartões de agradecimento.

Surpreenda a si e sua equipe ao não fazer o que todo mundo espera que seja feito. Se você sempre saiu para almoços com a equipe como recompensa, faça algo diferente. Naturalmente, o tamanho do sucesso vai determinar o tamanho da celebração. Recentemente, li um artigo sobre o fundador de uma empresa de tecnologia que vendeu a empresa e deu passagens aéreas de primeira classe e 10 mil dólares em dinheiro para todos os funcionários e suas famílias.

67

DOMINE O "TRABALHO PROFUNDO"

> O trabalho profundo é crítico para encontrar
> o foco e melhorar a produtividade.

Nada é melhor do que um período extenso de trabalho objetivando uma única tarefa com todos os seus poderes de concentração para treinar o cérebro e melhorar a produtividade. Chamado de "trabalho profundo" pelo autor e pesquisador estadunidense Cal Newport, períodos de trabalho focado e concentração intensa são essenciais, particularmente se estiver trabalhando em tarefas intelectualmente intensas e complicadas. Esse tipo de trabalho não pode ser concluído facilmente em sessões curtas ou com outras tarefas acontecendo ao mesmo tempo.

O trabalho profundo faz com que você consiga superar as pessoas que nunca desenvolveram a capacidade de mergulhar de cabeça em nada. É uma maneira útil de concluir trabalhos desafiadores, ou, como dizem os psicólogos, trabalhos cognitivamente exigentes, tais como:
- Pesquisar e escrever um livro;
- Resolver um problema muito sofisticado e difícil de entender;
- Aprender a usar um sistema novo e detalhado, ou uma linguagem de programação;
- Dominar rapidamente um idioma estrangeiro;
- Administrar um sistema ou organização complexos durante uma crise.

O trabalho profundo pode parecer fácil: feche a porta e concentre-se em uma parcela do trabalho pelo tempo que for necessário para concluí-la. Na realidade, entretanto, é algo que precisa de bastante intenção, disciplina e repetição sistemáticas. E ainda pode ser mentalmente cansativo.

Como e quando você pratica o trabalho profundo vai depender de quais tarefas precisa completar. Para a maioria das pessoas, é uma questão de dividir a semana de trabalho entre períodos de trabalho profundo e de trabalho mais normal que não requeiram o mesmo nível de atenção e concentração, mas o trabalho profundo permanente é ideal para quando o trabalho envolve se concentrar apenas em tarefas complicadas e desafiadoras. No mundo cada vez mais guiado pela tecnologia de hoje, sempre haverá momentos nos quais o trabalho profundo é a maneira mais produtiva de se trabalhar, independentemente do tipo de função que esteja desempenhando.

ENTRE EM AÇÃO

Aprenda a fazer o "trabalho profundo"
Ser capaz de se concentrar e evitar distrações é fundamental para se tornar especialista em trabalho profundo. Use as seguintes dicas para maximizar suas oportunidades de desenvolvê-lo:
- Decida quando você quer se dedicar ao trabalho profundo. Se vai trabalhar dessa maneira durante apenas uma parte da semana de trabalho, escolha os dias e horários em que estiver mais produtivo e desperto, e restrinja esses períodos em sua agenda durante as semanas seguintes;
- Separe momentos apropriados, dependendo quanto do trabalho requeira que você esteja focado e intensamente concentrado. Se, em uma semana, você restringiu tempo demais ou de menos na sua agenda, basta ajustar a quantidade de tempo restrito para o trabalho profundo nas semanas seguintes;
- Seja claro quanto ao que deseja conquistar durante esses períodos. Quando estou escrevendo, separo algumas horas para me concentrar intensivamente em completar a versão preliminar de um capítulo. Qual é o seu equivalente? Você está dedicando tempo o bastante para concluir essas tarefas direito?
- Você pode precisar de alguns processos ou rituais para ajudá-lo a estabelecer o foco e se concentrar, já que a força de vontade pode não ser o suficiente. Quando tiver encontrado um lugar tranquilo, esconda o celular e desligue as notificações do notebook;
- Equilibre os períodos de trabalho profundo com horários de pausa. Sua mente vai precisar de descanso depois de uma concentração tão intensa.

68

MUDE O QUE PRECISA SER MUDADO

> *Se não estiver sendo produtivo hoje,
> pergunte a si mesmo: "o que posso mudar?"*

Eu adoro o ditado que diz: "Se fizer aquilo que sempre fez, vai conseguir o que sempre conseguiu". Isso não se aplica a você, é claro, afinal de contas está lendo este livro. Assim, claramente é alguém aberto a mudanças.

Encarar mudanças não é fácil e a maioria das pessoas acha que isso é algo desafiador. É compreensível, considerando que qualquer tipo de mudança relacionada a trabalho tipicamente envolve lidar com uma combinação de:
- Fazer tarefas novas e diferentes;
- Enfrentar o desconhecido;
- Aprender novas maneiras de trabalhar;
- Não ter certeza de como fazer alguma coisa;
- Não ter clareza sobre o que vai acontecer a seguir;
- Trabalhar com novos objetivos e expectativas de outras pessoas;
- Dominar novos sistemas e habilidades;
- Ter dificuldades e fracassar;
- Obter resultados inesperados.

Além desses desafios, nós passamos por nossas próprias reações internas à mudança. Elas ocorrem em cinco estágios previsíveis, conforme explica o trabalho da psiquiatra Elisabeth Kübler-Ross e sua pesquisa sobre como as pessoas lidam com o luto:
- **Negação**: ao se deparar com a necessidade de melhorar a produtividade, você pode adiar esse processo, ignorando um novo aplicativo de produtividade e pensando que isso não vai ajudar;
- **Raiva**: você pode ficar irritado e confuso com a ideia de adotar uma nova maneira de trabalhar;

- **Barganha**: você pode tentar resistir e negociar com seu chefe, fazendo perguntas como "Preciso mesmo começar a usar esse novo sistema?";
- **Depressão**: é provável que se sinta desmotivado e irritado quando de fato não gosta de uma mudança e, embora possa implementar o novo processo, é provável que o faça sem muito ânimo;
- **Aceitação**: há sempre uma luz no fim do túnel, e o quinto estágio envolve a aceitação positiva, implementando e trabalhando com a mudança.

Esses estágios são normais e inevitáveis. O segredo para o sucesso é passar pelos quatro primeiros estágios negativos o mais rápido possível, de modo que possa concentrar tempo e energia no estágio final.

ENTRE EM AÇÃO

Abrace a mudança
Reconheça quando estiver passando por qualquer um dos primeiros quatro estágios da mudança: negação, raiva, barganha ou depressão. É natural se sentir assim, mas não é bom permanecer nesse lugar por muito tempo.
- A negação se liga à procrastinação (há dicas sobre como lidar com isso no capítulo 14);
- Superar sentimentos de raiva ou depressão é algo que está ligado a desenvolver a inteligência emocional e criar uma mentalidade mais positiva (para mais informações a esse respeito, leia meu outro livro, *100 coisas que pessoas de sucesso fazem*);
- Ficar preso no estágio de barganha está ligado ao nível de negação, raiva e depressão. Você só vai estar disposto a parar de negociar e bater boca quando não estiver mais irritado ou em negação.

Faça tudo o que puder para chegar a um estágio mais positivo de aceitação no qual possa dizer para si mesmo: "Não vai ser fácil implementar essa mudança, mas eu entendo. Isso vai melhorar meus processos de trabalho e o esforço vai valer a pena".

Você não precisa concordar 100% com uma nova mudança. Mas, se precisar trabalhar com ela, então abrace-a rapidamente do jeito que for necessário. Mergulhe de cabeça, mesmo se ainda tiver dúvidas quanto aos méritos da mudança e preocupações sobre como pode conseguir implementá-la com sucesso. Ao fazer isso, você se torna um modelo a ser seguido pelos seus colegas.

69

ACEITE O QUE NÃO PODE MUDAR

> Pratique a aceitação.
> Às vezes, as coisas não podem ser mudadas.

Seu impulso de melhorar o desempenho por meio da maximização da produtividade frequentemente vai dar de cara com distrações. Nem sempre é possível traçar uma linha reta, porque surgem situações que você não tem como mudar. Considere esses três cenários hipotéticos:

A. Você quer instalar um novo software de gerenciamento de cadeia de suprimentos em seu departamento e fazer com que o programa entre em operação dali a dois dias, mas seu colega da TI descobriu que o novo software não é compatível com os computadores da sua equipe;

B. Você passa a semana inteira trabalhando para preparar uma apresentação para a diretoria, mas é informado que o CEO pediu ao seu chefe que participasse dessa reunião e fizesse a apresentação em seu luga;

C. Seu cliente precisa que uma reforma da cozinha seja concluída até o Natal, e oferece um bônus para terminar o trabalho até lá. Mas a marca dos móveis planejados que ele quer só vai poder começar a fazer as entregas depois do Ano-Novo.

Pessoas produtivas sempre tentam responder a obstáculos inesperados e mudanças da melhor maneira possível, e nunca perdem tempo tentando mudar algo que está "talhado em pedra". Elas também sabem que não devem deixar o tempo e o esforço que investiram até o momento cegá-las para a realidade. Conhecido como o "viés de custo afundado", este é o ponto no qual você pode se apegar a alguma coisa por tempo demais simplesmente por, em primeiro lugar, ter investido tanto tempo para criá-lo. Em algum momento você vai ter que se desapegar e aceitar que algo não vai mudar. Desapegar-se faz com que você consiga redirecionar tempo e energia para coisas que pode fazer acontecer e nas quais pode trabalhar de maneira produtiva.

ENTRE EM AÇÃO

Seja claro em relação ao que você é capaz ou não de mudar
Quando é melhor aceitar e quando é melhor resistir e revidar? Nos exemplos anteriores, você tenta mudar a situação de modo que os resultados a partir do seu ponto de vista sejam melhores ao:

    A. Tentar rapidamente fazer pressão para que a empresa compre computadores compatíveis com o software, para que ele possa ser instalado e lançado assim que possível?
    B. Entrar em contato com a CEO e pedir a ela que mude de ideia e permita a você que faça a apresentação?
    C. Estimular o cliente a aceitar uma marca diferente de móveis planejados para cozinhas com pronta entrega, que podem ser instalados até o meio de dezembro?

Se não tiver sucesso com esses pedidos, você aceita os resultados porque eles não podem ser mudados ou continua insistindo? É aqui que é preciso agir de maneira inteligente e não deixar que a teimosia leve a melhor.

Faça desvios produtivos
Uma vez que tenha aceitado que alguma coisa não vai mudar, é necessário planejar como vai contornar a adversidade. Isso pode envolver pensar fora da caixa para criar soluções ideais, tais como:

    A. Postergar a implementação do software e, nesse meio-tempo, continuar com o sistema existente, ou encontrar uma solução alternativa de software que funcione nos computadores da empresa;
    B. Apoiar seu chefe para que ele entenda sua apresentação e ajudá-lo a editar e a apresentá-la da melhor maneira possível;
    C. Aceitar que vai perder o bônus e garantir ao cliente que você vai instalar os novos móveis assim que for possível no começo do ano. Você também pode se oferecer para ajudar a encontrar alguns eletrodomésticos para que o cliente consiga cozinhar em casa durante as festas.

70

SEJA PRODUTIVO APÓS REUNIÕES

> *Uma reunião em que nada é colocado no papel não é mais do que um bate-papo!*

Seu tempo é limitado e as pessoas esperam que você participe de várias reuniões diferentes durante a semana de trabalho. Dando sequência aos conselhos efetivos relacionados a reuniões do capítulo 22, é essencial que, após qualquer reunião da qual participe, haja 100% de clareza, por escrito, do que foi acordado e quem vai ser responsável por cada ação. Se não houver isso, há o risco de:

- Desperdiçar seu tempo, após a reunião, fazendo as mesmas tarefas que outra pessoa já está cuidando;
- Haver tarefas importantes que são completadas incorretamente ou esquecidas;
- Ver trocas de acusações entre você e seus colegas sobre quem deveria ter feito o quê.

Garanta que alguém vai anotar as ações acordadas na forma de atas de reunião ou um plano de ação. Atas geralmente são mais formais do que planos de ação. Dependendo da natureza da reunião, às vezes há exigências legais para criar atas muito estruturadas que incluam detalhes como os horários em que a reunião começou e terminou, quem era o coordenador da reunião e quaisquer ações de acompanhamento acordadas entre as partes.

A ata, ou plano de ação, pode ser digitada durante a reunião ou depois. O benefício de fazer isso durante a reunião e compartilhar a tela onde a atividade está sendo feita é que todos podem concordar com o que está sendo escrito, em vez de precisar esperar até que uma versão seja enviada por e-mail para os participantes.

ENTRE EM AÇÃO

Crie um plano de ação

Siga estas dicas para criar atas de reunião ou planos de ação:

- Certifique-se de que você sabe o nome de cada pessoa que está na reunião, já que vai precisar indicar quem ficou encarregado de completar cada item de ação posterior;
- Durante a reunião, se não tiver a certeza do que estiver sendo acordado, peça à pessoa que está falando ou ao grupo inteiro para esclarecer a ação;
- Garanta que, com cada ação acordada, esteja descrito com clareza quem precisa completar a tarefa e qual é o prazo-limite para sua conclusão;
- Se um dos itens do plano de ação for complexo ou difícil de completar, pergunte à pessoa encarregada dessa tarefa se ela tem questões ou comentários extras que gostaria de acrescentar à descrição do item do plano. Ela pode precisar da ajuda de algum colega ou propor o compartilhamento de relatórios de progresso até uma data específica;
- É comum compilar as ações acordadas em um e-mail e enviá-lo para as pessoas que participaram da reunião;
- Se alguém não conseguiu comparecer à reunião, mas ainda assim recebeu tarefas para cumprir, não se esqueça de conversar com essa pessoa para explicar o que deve ser feito;
- Tome cuidado para não assumir muitas das ações acordadas, ainda mais se achar que outra pessoa é mais bem qualificada para se responsabilizar por algumas delas.

71

ESTIQUE SUAS METAS

> *Se você sabe que é capaz de alcançar a lua sem muito esforço, tente chegar a Marte.*

Ao criar metas e objetivos para si e outras pessoas, você gosta de fazer estimativas conservadoras e estabelecer metas que sabe que vai conseguir alcançar com facilidade ou exige mais de si e escolhe metas estendidas que não espera alcançar totalmente? A lógica de criar metas estendidas é que assim se estabelecem objetivos difíceis ou impossíveis de alcançar, de modo a tentar encorajar a si e sua equipe a saírem da zona de conforto e lutar contra as limitações para descobrir o quanto é possível se aproximar dos objetivos mais desafiadores.

As pesquisas mostram que o impacto de metas estendidas pode ter resultados bem variados:

- Algumas pesquisas mostram que o impacto é positivo. A dra. Saeedeh Ahmadi, da Universidade Erasmus de Rotterdam, estudou o impacto das metas estendidas em uma empresa de tecnologia na lista das 500 maiores empresas do mundo da Forbes e descobriu que elas estimulam as pessoas a serem mais inovadoras, a fazerem sessões de *brainstorm*, a criarem mais ideias e possíveis soluções;
- Por outro lado, há estudos que mostram que metas estendidas têm impacto negativo. Um estudo feito em 2017 por Michael Shayne Gary *et al.*, publicado no periódico *Organization Science*, percebeu que pessoas não eram comprometidas nem motivadas a tentar alcançar metas estendidas. O desempenho delas ficava abaixo do esperado e, em 80% dos casos, não conseguiam alcançá-las.

É tudo uma questão de contexto. Às vezes faz sentido estabelecer metas bem arrojadas, particularmente se não houver outra opção — por exemplo, quando a sobrevivência da empresa depende disso. Outras vezes, estabelecer metas inalcançáveis seria contraproducente e não ajudaria em nada. Quando você estiver tentando aumentar a produtividade, é sua responsabilidade julgar se metas estendidas alcançáveis podem dar resultados melhores na situação em que se encontra.

ENTRE EM AÇÃO

Estabeleça dois níveis de objetivos

Objetivos são apenas uma ferramenta para ajudá-lo a maximizar o desempenho. Eles são pedidos feitos por alguém. Por você mesmo, quando estabelece suas próprias metas, pelo seu chefe ou talvez pelo seu cliente.

Todas as metas lhe devem ser úteis de alguma maneira. Elas devem lhe dar uma direção a seguir, a capacidade de planejar e mais motivação. Se uma meta não lhe ajudar a ter um bom desempenho, você provavelmente vai ignorá-la. Quando estabelecer metas para membros da equipe, colaboradores ou fornecedores, garanta que sejam motivadoras e claras. E, se forem difíceis de alcançar, esteja pronto para explicar por que as criou e como você vai ajudar a alcançá-las.

Considere a possibilidade de criar dois níveis de metas:
- **Metas de alta complexidade e longo prazo**: essas podem ser desafiadoras e difíceis de alcançar. Elas podem servir para estabelecer a direção desejada, alinhando-se com sua visão e propósito;
- **Metas imediatas de curto prazo**: essas vão se alinhar com a meta de longo prazo, mas podem ser mais alcançáveis, e também algo que pode ser planejado para que se encaixe em sua disponibilidade de tempo e recursos.

72

TORNE O APRENDIZADO UMA PRIORIDADE

| *Aprenda, aprenda mais e continue aprendendo.*

Melhorar a produtividade só é possível por meio de um aprendizado contínuo. Você sempre deve tentar adquirir novos hábitos, maneiras de trabalhar, técnicas, macetes de produtividade, processos e modernizações de procedimentos. Pessoas altamente produtivas tipicamente aprendem em duas direções: elas aprofundam o conhecimento de áreas com as quais já estão familiarizadas e, ao mesmo tempo, ampliam o conhecimento relacionados a tópicos que lhe são novos.

Ler é certamente uma ótima maneira de alcançar isso, e pessoas produtivas leem bastante:
- O investidor Warren Buffet já foi citado em artigos dizendo que lê 500 páginas por dia;
- Bill Gates, o cofundador da Microsoft, lê uma média de 50 livros por ano;
- O palestrante motivacional e autor Tony Robbins fez um curso de leitura dinâmica quando era jovem e leu 700 livros em sete anos.

Há muitas outras ferramentas e meios de aprendizado que se pode usar caso você não seja um leitor de livros:
- Conversar com mentores, orientadores e colegas;
- Ler revistas, newsletters e blogs;
- Escutar audiolivros e podcasts;
- Assinar serviços de treinamento on-line como Udemy, Coursera e LinkedIn Learning;
- Participar de congressos, simpósios, palestras e seminários;
- Aprender durante o trabalho e por meio de tarefas e projetos *ad-hoc*;

- Aprender formalmente por meio de universidades, institutos e organizações profissionais;
- Aprender por meio do metaverso da realidade virtual, inteligência artificial e avatares.

ENTRE EM AÇÃO

Conheça seu estilo de aprendizado

Se quiser aprender de maneira eficiente, alinhe o aprendizado com a maneira pela qual gosta de aprender. Afinal de contas, se acha que a leitura é uma atividade entediante e chata, não faz muito sentido comprar uma pilha de livros de um determinado assunto que você quer dominar.

Pense no seu estilo preferido de aprender. Você prefere a leitura? Assistir a vídeos? Escutar arquivos de áudio? Ou executar atividades? Para ajudá-lo a responder a essa pergunta, você pode fazer um teste de avaliação. Exemplos de testes bem conhecidos de estilos de aprendizado disponíveis na internet são o Honey and Mumford, Kolb e o VAK. Esses testes vão indicar como você prefere assimilar novas informações.

Concentre-se no essencial

Comece concentrando seu tempo em aprender o que é essencial para ter sucesso em seu trabalho hoje e nos próximos anos. Depois de conseguir se habituar a essa forma de aprender, é possível expandir suas áreas de aprendizado para cobrir tópicos, questões e assuntos que realmente lhe interessam, mas que não estão necessariamente relacionados ao escopo normal de seu trabalho.

Experimente com opções de aprendizado

Armado com o conhecimento do que quer aprender e como prefere aprender, ajuste sua estratégia experimentando várias fontes de aprendizado (incluindo os exemplos listados na página anterior) para descobrir o que funciona melhor para você.

73

MANTENHA SEU NOTEBOOK ORGANIZADO

> Não viva com o medo de seu computador dar pau;
> use sistemas de backup e arquivamento à prova de erros.

Muitos de nós vivem debruçados em cima de computadores, e nossos dias de trabalho envolvem ler documentos e e-mails, digitar respostas, criar e atualizar arquivos. Já foi explorado como um ambiente de trabalho bagunçado e desorganizado pode ser improdutivo, e isso também se aplica ao que você armazena em seu computador.

Se você é organizado e eficiente, não vai perder horas e horas procurando por um documento em particular em arquivos on-line. Em uma pesquisa global feita em 2012 pelo IDC com pessoas que trabalham nos setores de informação e TI (incluindo Reino Unido e Estados Unidos), descobriu-se que, em média, cada profissional perdia duas horas por semana procurando documentos perdidos, e eles precisavam passar mais duas horas a cada semana recriando esses mesmos documentos. Talvez você não esteja perdendo tanto tempo quanto esses profissionais de TI, mas com que frequência tem dificuldade de encontrar algo que sabe que foi salvo em algum lugar, mas não consegue lembrar onde?

Às vezes o problema pode ser ainda maior. O arquivo não foi apenas salvo no lugar errado. Ele se perdeu devido a algum problema de hardware, pela perda de um notebook, por arquivos de backup que estão desatualizados, por salvar um novo arquivo sobre um antigo com o mesmo nome ou por conta de um vírus de computador. O impacto pode ser devastador. Conheço uma escritora que estava trabalhando em um novo livro em seu computador, e certo dia ela descobriu que um vírus tinha apagado todo o conteúdo de seu HD. Ela não havia feito backups recentes de seus dados e teve que começar a digitar todo o manuscrito novamente, partindo da estaca zero.

ENTRE EM AÇÃO

Mude para a Nuvem
A maneira mais fácil de se livrar do medo de que seu notebook trave ou seja roubado é simplesmente não salvar nenhuma foto, documento ou arquivo importante nele. Se fizer isso, conte com backups que estejam disponíveis on-line.
- Em vez de usar ferramentas como o Microsoft Office, que ficam instalados no computador, use as versões on-line desses programas. Ao fazer isso, assim que você começar a criar um arquivo do Word ou uma planilha do Excel, ela será automaticamente armazenada on-line;
- Assim como acontece com suas fotos, vídeos e outros documentos, você pode salvá-los automaticamente on-line usando serviços como Dropbox, Google Drive e o iCloud da Apple. Essas soluções são gratuitas para volumes pequenos de dados. É preciso pagar uma assinatura mensal ou anual para armazenar volumes maiores.

Pague para se proteger
Crie senhas para seus aplicativos e serviços as quais sejam difíceis de adivinhar, e nunca use uma única senha para acessar vários sites diferentes. É melhor esquecer uma senha e precisar criar outra do que dar a oportunidade para que um hacker a adivinhe.

Invista em softwares de segurança altamente conceituados para se proteger contra todas as formas de hackeamento e perda de dados, incluindo *phishing* e *malware*. Não se deixe enganar por ofertas de softwares de segurança gratuitos. Assine um serviço pago em que seu computador receba regularmente os *patches* de segurança e atualizações mais recentes.

Padronize ao compartilhar
Ao usar pastas e diretórios compartilhados no trabalho, faça um acordo quanto às regras gerais, especialmente sobre onde os arquivos ficarão localizados e como serão nomeados. Nomes de arquivos devem seguir um padrão único, de modo que qualquer membro da equipe possa criar e localizá-los facilmente.

74

CERTIFIQUE-SE DE QUE OS OUTROS SÃO PRODUTIVOS

> *Compartilhe macetes de produtividade com seus colegas de modo que, quando você aprende, todo mundo ganha um empurrão.*

A produtividade é um jogo coletivo, e um alto desempenho sustentável é uma responsabilidade compartilhada. O sucesso em longo prazo depende de se ter relacionamentos bastante abertos e colaborativos com colegas de trabalho. Compartilhe suas ideias para melhorar o desempenho com seus colegas, porque você nunca vai otimizar totalmente seu desempenho agindo como uma "ilha de produtividade" se as pessoas à sua volta não estiverem participando.

As pessoas mais produtivas sabem que "tudo aquilo que vai, volta". Você ajuda outras pessoas hoje e, amanhã, um colega compartilha contigo uma ótima ideia que teve. Além de ajudar outras pessoas, você melhora o próprio status, sendo visto como uma pessoa inovadora e generosa. Isso pode ter impacto positivo na sua marca pessoal e na carreira.

Uma maneira pela qual pessoas produtivas normalmente compartilham suas experiências e ideias para conseguir melhorar a produtividade é agindo como mentoras. E, quando apropriado, ajudam os colegas por meio de:

- Orientação e apoio;
- Ensino e explicações;
- Compartilhamento e demonstrações no trabalho;
- Apresentações em uma reunião ou treinamento;
- Criação de manuais e guias;
- Compartilhamento em e-mails ou memorandos;
- Reuniões individuais de acompanhamento.

ENTRE EM AÇÃO

Aja como mentor
Assim como aprendeu os benefícios de ter seu próprio mentor no capítulo 57, você deve considerar a possibilidade de se tornar um mentor, de modo a transmitir suas próprias experiências às pessoas com quem trabalha. Isso vai fazer com que você:
- Seja um modelo positivo a ser seguido que sempre dá ótimos exemplos;
- Convide outros a observá-lo em ação e, assim, aprendam com você enquanto trabalham juntos em tarefas;
- Se ofereça para compartilhar a própria experiência, conselhos e ideias — não por meio de palestras ou dizendo aos colegas o que devem fazer, mas tendo a certeza de que suas ideias se alinham com os contextos e as necessidades deles;
- Dê apoio, oferecendo para observá-los em ação ou avaliar o resultado desse esforço;
- Se ofereça para orientá-los se eles tiverem dificuldades para mudar o estilo de trabalho, os hábitos e os comportamentos. Essa orientação envolve convidá-los a explorar os problemas por meio de perguntas apropriadas, escutando com atenção e sem expressar suas próprias opiniões ou conselhos;
- Organize sessões de treinamento, escrevendo manuais de instruções ou procedimentos, ou produzindo um vídeo que seus colegas possam consultar.

Ao compartilhar seu conhecimento, lembre-se sempre de que, apesar de uma ferramenta funcionar bem para você no trabalho, talvez ela não tenha o mesmo impacto quando usada por outras pessoas em seus respectivos contextos.

75

EVITE PASSAR TEMPO DEMAIS DIANTE DE TELAS

Computadores, smartphones e a internet são, ao mesmo tempo, uma bênção e uma maldição.

A maioria das pessoas precisa passar várias horas debruçada sobre um computador para ser produtiva, mas, paradoxalmente, passar tanto tempo diante de um notebook ou celular pode ser terrível para a produtividade:

• Passar tempo demais diante de uma tela de computador é bastante prejudicial para os olhos. E isso impacta diretamente na capacidade de trabalhar bem. Um estudo publicado em 2020, no *Indian Journal of Ophthalmology*, demonstrou que as pessoas que passavam mais tempo diante de computadores e celulares tinham um risco maior de desenvolver fadiga ocular, que pode levar a sintomas como visão embaçada, dores de cabeça e incapacidade de se concentrar;

• O vício na internet impacta tanto a produtividade imediata quanto a saúde mental. Chamado de transtorno do vício em internet, esse é um problema cada vez maior, impactando principalmente pessoas com menos de 29 anos;

• Passar tempo demais on-line afeta o sono. Um estudo publicado no periódico *Proceedings of the National Academy of Sciences* concluiu que as pessoas que liam e-book antes de ir para a cama demoravam mais tempo para dormir e tinham um sono de pior qualidade do que aquelas que liam livros impressos;

• O uso excessivo de redes sociais também pode causar depressão e ansiedade, de acordo com um estudo de 2018 publicado no *American Journal of Health Behavior*.

Para chegar à produtividade máxima, é preciso ter noção desses riscos e tentar encontrar equilíbrio entre trabalhar on-line e se afastar do computador e do celular sempre que possível.

ENTRE EM AÇÃO

Tome algumas precauções
Ajude seus olhos com algumas das seguintes precauções:
- Siga a regra dos 20-20-20: a cada 20 minutos, pare de trabalhar e olhe fixamente para algo que esteja a pelo menos seis metros de distância. Faça isso por, no mínimo, 20 segundos. Faça uma pesquisa on-line para aprender mais sobre esse conceito;
- Tente minimizar o brilho intenso da tela de seu computador, investindo em um monitor mais moderno ou usando um filtro protetor que pode ser pendurado diante da tela;
- Esforce-se para piscar os olhos sempre que possível para não deixar que seus olhos ressequem. Se ficarem ressecados, use colírio;
- Tente usar óculos com lentes de luz azul ou modelos específicos para aliviar a fadiga dos olhos de usuários de computador;
- Sente-se de modo que esteja com um braço (cerca de 60 cm) de distância da tela.

Avalie se você está viciado
Faça testes de avaliação on-line para ajudá-lo a entender o nível do seu vício em internet. Duas das ferramentas de avaliação mais conhecidas são:
- Questionário de Uso Problemático da Internet;
- Escala de Uso Compulsivo da Internet.

Se for difícil se livrar desse vício, procure ajuda profissional com um terapeuta ou grupo de apoio.

Controle o tempo que passa on-line
Use um celular e um computador exclusivos para o trabalho e não instale suas redes sociais nesses dispositivos. Bloqueie seu acesso a sites não relacionados ao trabalho, particularmente aqueles nos quais sabe que passa um bom tempo visitando.

Ao fazer pesquisas on-line, evite passar tempo demais navegando sem rumo por diferentes páginas virtuais. Esforce-se para manter o foco naquilo que você precisa encontrar e, quando isso acontecer, pare de navegar.

Quando não estiver trabalhando, tente descansar os olhos e o cérebro, e limite o acesso à internet (mesmo sabendo que isso é particularmente difícil de fazer, agora que estamos acostumados a assistir à TV por meio de sites como Netflix e Amazon Prime).

76

AGRUPE TAREFAS

> Sua carga de trabalho vai parecer mais fácil de administrar se você começar a agrupar as tarefas em lotes.

Sua produtividade vai aumentar quando você combinar tarefas iguais ou similares e completá-las em uma tacada só, em vez de se ocupar com elas em diferentes momentos do dia. Agrupar tarefas similares às vezes é chamado de lotear tarefas ou lotear tempo.

Lotear tarefas faz com que você consiga ser mais eficiente, pois provavelmente elas demandam maneiras similares de trabalhar, processar e pensar, o que significa que é possível se beneficiar de economias de escala. Exemplos de tarefas que podem ser agrupadas são:

- Fazer telefonemas para clientes;
- Criar faturas para clientes ou emitir recibos de pagamentos;
- Trabalhar em e-mails, incluindo esvaziar sua caixa de entrada;
- Preparar uma série de reuniões em seu sistema de agendamento on-line.

Trabalhando dessa maneira você vai poupar tempo, já que não vai ter que abrir nem reabrir diferentes ferramentas e sistemas. Isso é algo que foi verificado em pesquisas, sendo que um estudo da Universidade do Michigan mostrou economias de tempo significativas quando se cuida de um grupo de tarefas similares em vez de mudar entre diferentes trabalhos.

Agrupar tarefas similares também ajuda a pessoa a se concentrar mais em completar essas tarefas de maneira consistente. E isso também deve ajudá-lo a completar as tarefas em sua lista de coisas a fazer mais rapidamente se, por exemplo, você puder pegar as vinte ou trinta tarefas que estão pendentes e transformá-las em quatro ou cinco lotes. Isso faz com que sua carga de trabalho fique mais fácil de administrar, e, por sua vez, lhe dá mais confiança para completar tudo, em vez de causar uma sensação de sobrecarga.

ENTRE EM AÇÃO

Reorganize seu tempo e trabalho
Redesenhe sua lista de afazeres de modo que aquelas que podem ser completadas uma após a outra estejam agrupadas. Como exemplo, uma possibilidade é decidir que todas as tarefas relacionadas a usar o seu sistema de relacionamento com o cliente (Customer Relationship Management — CRM), seu sistema contábil ou os telefonemas que precisem ser feitos devem estar, logicamente, agrupados em lotes e possam ser realizadas no mesmo período.

É importante planejar com cuidado, decidindo quais são os dias da semana em que vai se concentrar em trabalhos de lotes recorrentes. Você pode dedicar as segundas-feiras a um grupo de tarefas e se concentrar em outro lote nas quartas e sextas.

Ajuste as expectativas das outras pessoas
Ao agrupar tarefas similares em lotes, você pode mudar os tempos de resposta — e algumas tarefas passam a levar mais tempo para serem completadas. Por exemplo, se você tiver a função de responder a reclamações de consumidores, emitir faturas e enviar materiais de marketing para clientes em potencial, antes de dividir essas tarefas em lote talvez você respondesse cada e-mail ou pedido individual assim que fossem recebidos — indo e voltando entre a emissão das faturas, a resposta às reclamações e o envio de materiais. Quando começar a agrupar as tarefas, você vai precisar decidir os horários do seu dia (ou semana) em que vai trabalhar nos diferentes lotes e, como resultado, vai precisar ajustar os tempos de resposta em quaisquer acordos de nível de serviços, ao mesmo tempo que informa seus clientes, colaboradores e qualquer outra pessoa que será impactada por essa nova maneira de trabalhar.

77

CONTRATE UM ASSISTENTE

> *Invista tempo em atividades que criam mais valor e que requeiram sua expertise e experiência.*

Usar o tempo para trabalhar em uma variedade de tarefas pequenas que precisam ser feitas e o tiram do trabalho no qual sua experiência e expertise realmente são necessárias não é a melhor das ideias para tornar você uma pessoa mais produtiva.

Contar com a ajuda de alguém pode aumentar bastante sua produtividade. Essa pessoa pode:

- Ajudar a cobrar sua responsabilidade, repassando o que você deveria ter feito e o que ainda precisa fazer, garantindo que não perca prazos nem reuniões importantes;
- Administrar sua agenda, organizando as reuniões e outras atividades;
- Restringir horários da sua agenda quando for necessário para lhe dar tempo de cuidar de tarefas específicas, impedindo-lhe de que fique sobrecarregado;
- Agir como um filtro para conseguir administrar pessoas que querem seu tempo, fazendo uma leitura prévia de e-mails, atendendo a telefonemas e abrindo correspondências para determinar aquilo com que você precisa lidar pessoalmente e o que pode ser ignorado;
- Representá-lo nas ocasiões em que precisa estar em dois lugares ao mesmo tempo e se comunicar por você, tendo acesso à sua caixa de e-mails;
- Agir como interlocutor, dispondo-se a fazer sessões de *brainstorm* e a discutir questões e ideias que você pode ter, incluindo a possibilidade de revisar versões preliminares de suas apresentações, propostas e respostas etc.;

- Assumir tarefas *ad-hoc* ou planejadas com antecedência, como melhorar sua presença on-line e *branding*, administrar suas finanças pessoais por meio da preparação de planilhas e cuidar do planejamento de suas viagens.

É claro que nem todo mundo pode simplesmente receber esse tipo de apoio dedicado, mas é algo que vale a pena constar em seus planos em longo prazo. A seguir, há ideias para que você consiga esse apoio.

ENTRE EM AÇÃO

Determine suas necessidades
Analise a gama de tarefas que precisa completar, identificando quais delas representam um mau uso de seu tempo. Essas tarefas podem incluir o arquivamento de documentos, a emissão de faturas, fazer reservas de passagens aéreas ou formatar documentos. Essas são as tarefas que você pode considerar delegar para um assistente. Imagine como as coisas seriam se, a cada semana, você conseguisse liberar algumas horas? Como você poderia usar esse tempo para realizar mais coisas e ser ainda mais produtivo?

Encontre o apoio adequado
Hoje em dia há todo tipo de apoio disponível para se adequar a todos os níveis de orçamento e necessidades:
- Contrate alguém como funcionário, ou contrate um freelancer autônomo ou empresa que preste serviços de secretariado e administrativos;
- Comece aos poucos, pedindo apenas algumas horas de ajuda por mês. Depois, passe a empregar alguém por alguns dias por semana ou até mesmo em período integral;
- Se preferir um serviço virtual, há muitas opções disponíveis, com empresas que oferecem serviços de apoio secretarial e de escritório por meio de e-mails e chamadas de vídeo;
- Pode ser interessante agrupar recursos e fazer uma proposta a seu chefe para que esse tipo de apoio seja compartilhado por toda a equipe. Aproveitar um pouco de ajuda de um assistente que não é muito requisitado é melhor do que nada.

Quando precisar de apoio eventual ou de pouca frequência, tente usar um dos sites de marketplace, como www.freelancer.com.br, www.fiverr.com e www.upwork.com, nos quais freelancers oferecem todo tipo de serviço — desde apoio à TI e *copywriting* até administração de redes sociais e contabilidade.

VISUALIZE O QUE ALMEJA

> *Visualize o que almeja –*
> *e depois trabalhe para conseguir.*

A visualização é uma ferramenta importante em sua lista de ações de produtividade. Visualizar o que se quer conquistar e criar uma imagem em sua mente com suas metas e objetivos são ações poderosas. Enquanto escrevo este livro, tenho na minha mente uma imagem do livro totalmente pronto e publicado, guardado nas estantes. Atletas se visualizam vencendo um evento ou corrida que está por vir. Engenheiros e empreendedores visualizam o produto ou negócio que estão projetando ou criando. A visualização ajuda a:
- Ganhar a autoconfiança necessária para acreditar que seu objetivo é alcançável;
- Concentrar sua atenção e energia em seu objetivo;
- Criar uma motivação interna para trabalhar com o objetivo desejado.

A ciência por trás dessa técnica diz que os neurônios no cérebro interpretam o que você está visualizando como algo real, o que cria caminhos neurais que lhe ajudam a executar as tarefas necessárias.

A visualização não precisa ser somente quanto ao objetivo final; você também pode visualizar o que precisa fazer para alcançar os resultados, visualizando os passos que precisa dar. Estudos sugerem que isso pode ser mais efetivo do que a visualização do objetivo em si. Um estudo bastante citado de 1999, publicado no periódico *Personality and Social Psychology Bulletin*, foi o primeiro a chegar a essa conclusão. Um exemplo famoso de uma pessoa que faz isso é do alpinista Alex Honnold, que em 2018 escalou com sucesso o monte El Capitan, do parque nacional de Yosemite, sem cordas. Antes da escalada, ele passou várias semanas visualizando a rota que faria rumo ao topo do paredão vertical de mil metros de altura. Ele chegou até mesmo a visualizar mentalmente cada um dos apoios para mãos e pés.

ENTRE EM AÇÃO

Crie uma imagem
Conforme vai trabalhando em suas tarefas, reserve tempo para se perguntar quais seriam os resultados concluídos ideais. Transforme isso em um hábito diário ou semanal, não importa o que queira alcançar. Visualize seu objetivo de qualquer uma das seguintes maneiras:
- Feche os olhos e imagine como seria o sucesso e qual seria sua sensação; ou
- Crie um quadro de visualização no qual você desenha uma imagem que representa o sucesso, ou colete imagens (da internet ou de revistas) e outros itens que simbolizam o objetivo desejado.

Visualize os passos que precisa dar
Siga o exemplo do alpinista Alex Honnold e planeje como vai completar uma tarefa ou alcançar seu objetivo. Imagine-se completando cada um dos diferentes passos. Por exemplo, isso pode incluir visualizar a si mesmo:
- Fazendo uma série de telefonemas bem-sucedidos para novos clientes com os quais deseja trabalhar;
- Estudando com empenho para seus exames profissionais, para poder se qualificar.

O ideal é visualizar tanto o objetivo principal quanto cada um dos passos necessários para alcançá-lo. Fazer disso um hábito não vai garantir o sucesso, mas será uma contribuição importante.

ENCONTRE SUA MOTIVAÇÃO

| *Siga seu propósito e sua paixão.*

Até mesmo pessoas altamente produtivas só conseguem sustentar o desempenho quando se sentem motivadas pelo que estão fazendo. Isso não deveria surpreender. Você deve ter percebido que o trabalho parece ficar mais difícil quando os níveis de motivação caem.

A motivação é um conceito fundamental, mas ao mesmo tempo é difícil defini-la e medi-la. Em sua forma mais simples, ela indica até que ponto você está disposto a fazer, ser ou ter alguma coisa. Psicólogos descobriram que nossas motivações podem ser intrínsecas ou extrínsecas:

- A motivação intrínseca significa que você quer fazer alguma coisa porque é algo inerentemente agradável ou interessante. Por exemplo, você está lendo este livro porque considera que seu conteúdo é interessante;
- A motivação extrínseca significa que você quer fazer alguma coisa devido a recompensas externas que são distintas da atividade em si. Por exemplo, você provavelmente faz hora extra nos fins de semana porque seu chefe vai reconhecer seu esforço e porque isso ainda vai colocar um dinheiro extra no bolso.

Pessoas na extremidade mais alta do espectro da produtividade tipicamente têm uma compreensão clara daquilo que as motiva. Elas sempre tentam garantir que estão dedicando tempo a tarefas que as motivem tanto intrinsecamente quanto extrinsecamente, trabalhando naquilo de que gostam e que também as recompense em termos de reconhecimento e remuneração.

A motivação também está associada a garantir que seu trabalho esteja alinhado com suas paixões e pontos fortes — tópicos que exploramos no capítulo 12 e no capítulo 23, respectivamente.

ENTRE EM AÇÃO

Conheça o que lhe motiva
Pense no *motivo* de fazer as coisas que faz. Faça uma lista com suas responsabilidades mais importantes e as tarefas em que precisa dedicar mais tempo para ter sucesso no trabalho. Para cada tópico, responda às seguintes perguntas:
- Até que ponto essa tarefa me motiva (de 1 a 10)?
- Quais são as motivações intrínsecas ou extrínsecas que me instigam a completar essa tarefa?
- Como posso sustentar ou aumentar as motivações existentes?
- De que outras maneiras posso tornar essa tarefa mais motivadora para mim?

Fazendo regularmente essas perguntas a si mesmo, você vai conquistar uma compreensão sincera daquilo que lhe motiva. Isso vai ajudá-lo a saber quais são as tarefas em que deseja se concentrar e aquelas nas quais talvez não queira continuar trabalhando.

Faça mesmo assim
Se você tiver uma atividade importante para completar, mas ela não lhe motiva, trabalhe para concluí-la mesmo assim. Se precisar injetar uma dose de ânimo em sua motivação, tente usar a regra da contagem regressiva de cinco segundos atribuída a Mel Robbins, palestrante motivacional estadunidense. É simples, mas funciona. Basta fazer uma contagem regressiva em sua cabeça, de cinco a zero, e em seguida começar a trabalhar. É como dar aquele primeiro mergulho em uma piscina gelada. Depois que entra, tudo fica bem.

Você pode acrescentar os conselhos sobre visualização do capítulo anterior, visualizando mentalmente como vai estar contente e aliviado quando terminar uma tarefa enfadonha ou monótona. Se tudo der certo, a imagem mental vai ajudar a motivá-lo para completar essa tarefa assim que for possível.

80

REGISTRE SEU PROGRESSO

Se você não acompanhar seu progresso, como vai saber que teve sucesso?

Estabelecer um objetivo e trabalhar para conseguir alcançá-lo não é o bastante. É preciso monitorar seu progresso para poder maximizar a probabilidade de ter sucesso. Isso foi confirmado em um estudo da Universidade de Sheffield publicado, em 2016, no periódico *Psychological Bulletin*, no qual os pesquisadores avaliaram o impacto de monitorar seu progresso para alcançar objetivos relacionados à saúde. Eles concluíram que:

• Quanto maior for a frequência com que você monitora seu progresso, maior é a probabilidade de conseguir alcançar o objetivo que almeja;

• Você tem uma probabilidade ainda maior de ter sucesso se puder compartilhar os detalhes do progresso com as pessoas à sua volta, tais como seus colegas (aprenda mais a respeito disso no capítulo 97).

Além de mantê-lo focado nos seus objetivos, acompanhar seu progresso:

• Lhe dá um senso de conquista e uma oportunidade de celebrar pequenas vitórias enquanto trabalha para alcançar os objetivos principais;

• Garante que você não se perca pelo caminho nem desperdice tempo e energia preciosos com as atividades erradas.

Dependendo do tipo de objetivo desejado, pessoas produtivas vão usar uma variedade de ferramentas de monitoramento — aquelas que são fornecidas por sua organização, ou então aquelas que elas mesmas criaram.

ENTRE EM AÇÃO

Use processos de acompanhamento
Ao trabalhar dentro de uma organização, é provável que você use sistemas disseminados por toda a empresa os quais têm processos de monitoramento, verificação e auditoria, tais como:
- Gerenciamento de verbas, previsões e planos de ação detalhados com os quais possa comparar seu desempenho por dia, semana, mês e/ou trimestre;
- SAP, os processos de planejamento e negócios empresariais da Oracle, que tipicamente trazem funcionalidades de monitoramento de dados em tempo real, relatório de progressos e relatórios de exceções;
- Processos de gerenciamento de projetos para avaliação de progressos, como os diagramas de Gantt;
- Métodos de trabalho ágeis, que incluem reuniões diárias de *scrum* com sua equipe, nas quais você avalia questões e progressos em tempo real.

Você precisa garantir que os métodos necessários para acompanhar o progresso estejam sendo usados da melhor maneira.

Crie seus próprios processos de monitoramento
Se nenhum processo de monitoramento ideal for prescrito ou estiver disponível para você e sua equipe, crie seu próprio processo. Pode ser algo simples, como fazer reuniões regulares com a equipe, observar seu próprio desempenho, criar e usar listas de tópicos para verificação, previsões, planos de projetos ou registros de atividades.

Dependendo do tipo de objetivos e tarefas relacionadas, você também pode tentar usar um site ou aplicativo de monitoramento, como www.monday.com, www.factorialhr.com.br e www.miro.com.

81

TENHA UMA LISTA DE COISAS A NÃO FAZER

Uma "lista de coisas a não fazer" vai ajudá-lo a evitar que preencha seu tempo com atividades improdutivas.

Ao ter 100% de certeza quanto ao que não deve fazer, você vai conseguir concentrar tempo e energia nas coisas importantes. Embora uma lista de tarefas tradicional contenha atividades com prazos de entrega específicos ligados a cada uma delas, a sua "lista de coisas a não fazer" tipicamente inclui hábitos, comportamentos e tarefas recorrentes que você gostaria de evitar, tais como:

- Distrações que lhe impedem de ser produtivo;
- Coisas que você odeia fazer;
- Tarefas que não criam valor;
- Coisas que só servem para deixá-lo estressado;
- Tarefas que o esgotam;
- Coisas que estão além de seu controle;
- Ações que não são importantes para que você faça;
- Coisas que você sempre deveria se negar a fazer;
- Seus hábitos improdutivos e vícios.

Não há nenhum prazo final listado aqui porque *nenhuma* dessas coisas vai ser feita em momento algum. Esse é o seu lembrete diário daquilo que precisa evitar para proteger sua produtividade.

Exemplos de tópicos reais em uma lista de "coisas a não fazer" podem incluir:

- Não olhar a caixa de e-mails a cada poucos minutos;
- Não dizer sempre "sim" aos pedidos do seu chefe;
- Não trabalhar em relatórios de responsabilidade de outros;
- Não ficar tentando fazer várias coisas ao mesmo tempo.

ENTRE EM AÇÃO

Crie a sua "lista de coisas a não fazer"
Repasse as categorias listadas, perguntando a si mesmo:
- Quais são as distrações improdutivas que preciso deixar de fazer?
- Quais são as coisas que odeio fazer?
- Quais tarefas não criam nenhum valor?
- Que coisas me estressam?
- Quais tarefas me deixam esgotado?
- Quais coisas estão além do meu controle?
- Quais ações não são importantes para mim?
- Quais são as coisas que eu deveria sempre me negar a fazer?
- Quais são os meus hábitos improdutivos e vícios?

Enumere as respostas ao elaborar sua lista de "coisas a não fazer" e inclua qualquer item que:
- Não lhe ajude a alcançar seus objetivos ou qualquer valor positivo;
- Esteja na sua lista de coisas a fazer há muito tempo, continua sem conclusão e com o qual ninguém parece se importar ou notar.

Antes de encarar sua lista como algo definitivo, repasse cada tópico para ter certeza de que não haverá problemas se não o fizer. Pergunte-se quais serão as consequências de não completar cada tarefa. Quem ficaria incomodado ou irritado com você, caso deixasse de completá-las? Não há problemas em remover itens da sua lista de "coisas a não fazer" para manter a paz!

Siga à risca
Ao finalizar a lista, siga-a à risca das seguintes maneiras:
- Imprima e coloque-a em um lugar visível para se lembrar das coisas nas quais você não está mais preparado para usar seu tempo;
- Compartilhe-a com colegas e peça-lhes que o mantenham na linha, e que façam cobranças caso percebam que algo não está acontecendo como deveria;
- Pare o que estiver fazendo assim que perceber que qualquer coisa contida na lista estiver acontecendo.

EVITE O VÍCIO EM TRABALHO

| *Qualquer coisa, se feita em excesso, pode ser ruim para você.*

Trabalhar duro é visto de maneira positiva na sociedade, e dizer que está muito ocupado é algo digno de reconhecimento. Ter uma forte ética de trabalho também é bom, mas cuidado com os problemas que isso pode trazer. É fácil ficar tão concentrado no trabalho a ponto de acabar caindo em um padrão de comportamento pouco saudável, tornando-se viciado em produzir cada vez mais.

Os perigos do vício em trabalho, também chamado de *workaholismo* são reais. Essa necessidade compulsiva por trabalhar é mais do que simplesmente fazer hora extra.

Seus sinais incluem:
- Sentir-se culpado quando não está trabalhando em nada;
- Fazer as refeições em família com pressa para poder voltar ao trabalho;
- Sempre estabelecer prazos de entrega para si mesmo quando está trabalhando;
- Confundir quantidade com qualidade e pensar que, quanto mais e-mails responder ou reuniões participar, melhor é seu desempenho;
- Ficar obcecado pelo próprio desempenho e produtividade, e nunca ter tempo para dar apoio a outras pessoas;
- Orgulhar-se do quanto está atarefado. Por exemplo: compartilhar orgulhosamente o quanto você viaja a trabalho e dizer às pessoas quantas milhas aéreas acumulou.

Todos nós temos momentos em que ficamos consumidos pelo trabalho. Mas isso só se torna um problema quando se torna a norma. Se você tem a tendência de ser um viciado em trabalho, saiba que não está sozinho. Um estudo norueguês de 2014 descobriu que uma em cada doze pessoas se enquadra na categoria de ser *workaholic*, enquanto um outro estudo de 2019, feito nos Estados Unidos, publicado resumidamente no *New York Post*, relatou que 48% dos entrevistados se definiam como *workaholics*.

Como acontece com qualquer vício, o problema é que, com o passar do tempo, são necessárias doses cada vez maiores para ficar satisfeito. Isso significa que, se não conseguir se conter, sua tendência *workaholic* vai consumir cada vez mais você e sua vida, resultando em relacionamentos rompidos, problemas de saúde e um declínio em seu desempenho no trabalho.

ENTRE EM AÇÃO

Você é viciado?
Tente fazer um teste para descobrir o quanto está viciado em trabalho. Dois exemplos de testes, entre os mais conhecidos, são:
- A Escala de Vício em Trabalho de Bergen, que é baseada em uma pesquisa de 2014 publicada no *Scandinavian Journal of Psychology* e envolve responder a sete perguntas sobre seus hábitos de trabalho e modo de trabalhar;
- O Teste de Risco para Vício em Trabalho, que foi criado nos Estados Unidos em 1999 e envolve responder a 25 perguntas sobre seu estilo e hábitos de trabalho.

Você pode facilmente procurar na internet para encontrar versões gratuitas ou de baixo custo de qualquer um desses testes (ou similares) para fazer.

Lide com as tendências *workaholic*
Se estiver trabalhando de forma obsessiva, seu comportamento pode simplesmente precisar ser suavizado e ter a frequência reduzida. E, se percebe ou então sabe que seu problema não vai ser resolvido tão facilmente, então é provável que esteja lidando com um caso genuíno de vício.

O *workaholismo* extremo ou viciante geralmente tem causa psicológica, como um desejo de infância de sempre agradar os pais por meio de esforços e tentativa de ser o aluno perfeito. Assim como acontece com outros vícios, você pode precisar da ajuda de um terapeuta especializado no processo chamado de terapia comportamental cognitiva, o qual pode ajudá-lo a destravar as razões e superar o problema.

83

CONHEÇA A PRÓPRIA CAPACIDADE

> *Há um limite para o tanto que você pode colocar no prato. Se continuar empilhando comida, uma parte vai acabar caindo para fora.*

Hoje em dia, temos bastante facilidade para calcular a capacidade de uma empresa de produzir produtos ou serviços. Graças à tecnologia, é possível avaliar facilmente os processos de seu departamento ou cargo e os sistemas para entender sua melhor capacidade de acordo com critérios como:
- Quantas unidades de produção podem ser feitas a cada dia;
- Quantos produtos um depósito pode processar por hora;
- A quantidade de relatórios que podem ser produzidos a cada semana;
- O tempo necessário para conduzir uma auditoria específica ou teste.

É natural que pessoas produtivas queiram aplicar essa mesma capacidade para medir e monitorar a si mesmas. É importante entender o quanto você é capaz de produzir para poder se planejar e estabelecer metas realistas. Isso não é algo fácil de calcular, pois pessoas não são como máquinas, cujo potencial é facilmente mensurável. Nós não trabalhamos em ritmos uniformes, como uma linha de produção ou um processo informatizado. E fica especialmente difícil fazer o cálculo quando o trabalho inclui atividades como refletir, pensar, analisar, fazer sessões de *brainstorm* e tomar decisões.

Outra complicação é o fato de que somos seres únicos e não podemos simplesmente estimar nossa capacidade ao compará-la com as de outras pessoas. Nossos diferentes níveis de capacidade natural, experiência e competências significam que, para ser completada, a mesma tarefa pode demandar mais ou menos tempo e energia de cada um de nós.

Além de entender seus próprios níveis de capacidade, pessoas produtivas trabalham continuamente para expandir essa capacidade. Isso é como o processo que você segue quando está na academia, quando pode tentar erguer mais pesos a cada semana ou completar mais repetições.

ENTRE EM AÇÃO

Conheça o verdadeiro tamanho do seu prato
Os seguintes passos vão ajudá-lo a calcular sua capacidade de trabalho:
1. Calcule sua capacidade de tempo ao se perguntar quanto tempo você está disposto a passar trabalhando em um dia, semana ou mês. Pode ser algo simples, como dizer que você vai trabalhar nove horas por dia, cinco dias por semana.
2. Estime a produtividade que pode atingir dentro do tempo que vai passar trabalhando. Isso é mais difícil de calcular e depende do tipo de tarefas que você precisa completar. Comece observando o que está produzindo no decorrer de alguns dias ou semanas e se pergunte: você estava muito ocupado ou a sua equipe estava sendo subutilizada?
3. Decida se o seu nível de desempenho atual pode ser repetido regularmente de maneira sustentável. Não faz muito sentido trabalhar mais do que quinze horas por dia durante uma semana inteira (ou em um projeto urgente) e, em seguida, prometer para o chefe que você vai manter esse nível de desempenho daquele ponto em diante.

Talvez você tenha dificuldade em chegar a um cálculo preciso da sua melhor capacidade de trabalho, mas tente ter uma noção geral de modo que sempre possa saber quando:
- Você tem capacidade de sobra para aceitar tarefas extras;
- Você está alcançando os limites da sua capacidade e precisa diminuir o ritmo, dizer não a alguns pedidos e negociar cronogramas.

Com essa observação regular e avaliando a si mesmo, você vai ficar mais proficiente em conhecer os limites daquilo com que pode lidar sem causar prejuízos ao seu desempenho.

Aumente o tamanho do prato
Quando tentar expandir sua capacidade, faça isso de maneira efetiva e sustentável por meio de uma combinação de:
- Ampliar seu conhecimento e o nível das suas habilidades;
- Assumir novas tarefas;
- Fazer coisas de maneiras novas e mais inteligentes;
- Otimizar sua saúde, seu período de sono e o ambiente de trabalho;
- Eliminar tarefas desnecessárias, as quais resultam em desperdício de tempo ou tempo em que nada é feito.

84

SEMPRE FAÇA AS COISAS CERTAS DO JEITO CERTO

> *Apenas fazer as coisas certas não é o bastante.*
> *Você precisa fazê-las da maneira certa.*

A excelência está fortemente relacionada a alcançar continuamente duas coisas que estão conectadas: garantir que você está concentrado em alcançar os objetivos e resultados certos ao mesmo tempo que se certifica de que está trabalhando para conseguir tudo isso da maneira certa. Fazendo uma analogia com viagens:

- Não há muito sentido em viajar de maneira muito eficiente, com bom custo-benefício e de forma rápida, se você está indo na direção errada;
- Da mesma maneira, quando você estiver indo na direção certa, seria uma perda de tempo escolher fazer o percurso em um carro malconservado que viesse a quebrar ao longo do caminho.

Uma quantidade enorme de pessoas escolhem as ferramentas e tarefas ideais, mas não conseguem ter sucesso porque usam as ferramentas de maneira ruim, e também porque não completam bem as tarefas. Isso pode acontecer por causa de preguiça, esquecimento, falta de foco ou simplesmente por excesso de tarefas. Como exemplo, não basta:

- Usar uma boa lista de afazeres se você não a mantiver atualizada, ou se não a consultar regularmente;
- Delegar o trabalho para os colegas certos, mas em seguida lhes dar orientações incompletas sobre o que fazer ou se esquecer de acompanhar o andamento do trabalho;
- Separar e-mails importantes que chegaram em subpastas úteis e, em seguida, se esquecer de ler ou respondê-los;

- Fazer reuniões efetivas, mas se esquecer de enviar as atas das reuniões com a lista das ações acordadas.

Ser produtivo é fazer as coisas certas e fazê-las bem, o tempo inteiro. Apenas saber o que deve ser feito é só metade da batalha. Para ser produtivo, é preciso associar o conhecimento com a execução.

ENTRE EM AÇÃO

Use uma abordagem estruturada
Para ter certeza de que vai completar qualquer tarefa da maneira mais perfeita possível, use os seis conselhos a seguir, os quais funcionam de maneira interconectada. A lista é conhecida como as Seis Caixas de Gilbert, e é uma ferramenta usada com frequência na área de recursos humanos, baseada no trabalho que o acadêmico estadunidense Thomas Gilbert desenvolveu na década de 1970. Quando conseguir resolver todas as seis áreas, você pode ter certeza de que vai conseguir completar bem qualquer tarefa:

1. Obtenha a informação e o feedback certos para saber o que se deve fazer. Isso pode envolver descrever, por escrito, as funções de um cargo ou a diretrizes que expliquem o que precisa ser feito e por quê. Pergunte-se se também precisa de mais feedbacks formais ou informais para lhe ajudar;

2. Tenha as ferramentas, os processos e os recursos ideais para completar a tarefa da melhor maneira possível. Às vezes é algo simples, como trocar o seu computador antigo por um que seja mais novo e mais rápido;

3. Verifique se você tem os incentivos ideais para motivá-lo e estimulá-lo a alcançar mais e exceder expectativas. Talvez você precise achar um incentivo melhor;

4. Garanta que você tem as habilidades e o conhecimento ideais para atuar com excelência. Talvez só participar de um treinamento relevante ou conseguir a experiência de trabalho apropriada não sejam suficientes. Você também precisa saber como usar o que aprendeu;

5. Pergunte-se se tem a possibilidade, o tempo e a capacidade geral de fazer o que lhe é pedido. Procure ajuda se uma tarefa lhe causar dificuldades ou se estiver além do seu nível de competência;

6. Trabalhe para construir e criar os níveis ideais de motivação e comprometimento para conseguir completar bem a tarefa.

Você pode usar essa estrutura de seis partes com as próprias tarefas que precisa cumprir ou com qualquer equipe que venha a liderar.

85

ABRACE A INTELIGÊNCIA ARTIFICIAL

> *Aproveite o potencial das tecnologias de inteligência artificial para redesenhar seu trabalho.*

A inteligência artificial (IA) está chegando e todos nós vamos sentir seu impacto. Não é algo que, necessariamente, deve ser temido. Um dos principais benefícios será nos tornarmos mais produtivos, fazendo com que nossos empregos sejam redesenhados e redefinidos. Vamos estar livres para nos concentrar naquilo em que podemos gerar mais valor e nas tarefas que requerem nossas habilidades e experiências.

Em uma pesquisa publicada na edição de maio de 2018 da *American Economic Association Papers and Proceedings*, pesquisadores do MIT concluíram que a IA vai causar o redesenho de empregos e a reengenharia de práticas empresariais, em vez de apenas eliminar empregos. Pesquisas e estudos apontam para um futuro em que a IA vai impactar todos os aspectos da nossa vida profissional e pessoal. Uma pesquisa feita em 2021 pela PwC indicou que 86% das organizações já indicam que a IA é importante ou bem disseminada em suas atividades. De diversas maneiras, ela nos ajuda a trabalhar de forma mais produtiva, incluindo:

- Processar dados para encontrar padrões e tendências que, de outra forma, poderiam passar despercebidas;
- Tomar decisões melhores por meio de uma coleta de dados mais efetiva;
- Fazer previsões de números de tendências de maneira mais precisa do que seríamos capazes de fazer sozinhos;
- Examinar arquivos e documentos para nos ajudar a encontrar informações e padrões relevantes.

O segredo do sucesso é aceitar e adotar o crescimento irreversível da IA em nossos ambientes de trabalho e nossas vidas, e usá-lo para ajudar a maximizar o desempenho e a produtividade.

ENTRE EM AÇÃO

Tenha a mente aberta
As funções de um cargo nunca permanecem sem mudanças por muito tempo. Há uma possibilidade de que novos progressos em IA possam fazer com que algumas partes de seu trabalho se tornem dispensáveis. Mas, em vez de temer pelo pior, abrace o potencial da tecnologia para redesenhar seu trabalho.

Expandindo o que vimos no capítulo 11, transforme-se em um superusuário, ansioso para testar novas tecnologias inteligentes conforme estas ficam disponíveis em seu local de trabalho, para assim conseguir explorar como podem melhorar sua produtividade. Algumas podem ajudá-lo a trabalhar mais rápido; outras vão cuidar das suas tarefas entediantes e repetitivas ou ajudá-lo a concluir etapas que, sem elas, não poderiam ser completadas.

Explore como a IA pode ajudá-lo hoje mesmo
O meio mais rápido e fácil de começar a fazer isso é em seu próprio notebook. Pense no que você precisa fazer em seu computador, perguntando-se quais trabalhos recorrentes consomem mais tempo e/ou são os mais difíceis e complicados. Em seguida, pesquise na internet para tentar encontrar quais soluções baseadas em IA podem ser os macetes de produtividade perfeitos para serem experimentados.

- Talvez você tenha dificuldades com a comunicação por escrito. Nesse caso, procure uma ferramenta automática de edição e revisão para ajudá-lo a produzir e-mails e relatórios com alta qualidade;
- Se você digita devagar, experimente uma solução que transforme suas gravações de voz em texto;
- Se quiser saber com quais colegas ou clientes você se comunica com mais frequência, encontre uma ferramenta on-line para monitorar, de acordo com a frequência com que você manda e-mails e mensagens de texto, seus principais contatos.

86

TORNE O TRABALHO DIVERTIDO E AGRADÁVEL

> *Se você trabalha com aquilo que gosta, nunca mais vai precisar trabalhar na vida.*

Divertir-se no trabalho é algo que comprovadamente faz bem para seu desempenho no trabalho:
- Em um estudo publicado em 2020, no *Journal of Vocational Behavior*, pesquisadores da Noruega demonstraram que, quando os funcionários criam condições que promovem a alegria, o desempenho deles no trabalho melhora.
- Um estudo publicado no *Journal of Management*, em 2017, revisitou pesquisas anteriores e revelou que diversão e descontração no trabalho estão ligadas à redução do cansaço, do estresse e da síndrome de *burnout*, e com o aumento de níveis de criatividade, envolvimento, confiança e satisfação com o emprego.
- Diversão e descontração estão ligadas à felicidade, e um estudo de 2015 da Universidade de Warwick concluiu que funcionários mais felizes têm uma produtividade de 12% a 20% maior.

Somos todos únicos e algumas pessoas que têm alto desempenho se sentem distraídas quando um ambiente de trabalho está cheio de momentos de diversão, risos e descontração. Talvez você conheça o tipo de colega a que me refiro. Aquele que nunca chega para conversar ou a participar de eventos sociais. Ele pode ter um bom desempenho, mas poderia ter um desempenho ainda melhor se conseguisse se permitir aproveitar um pouco mais os momentos de diversão e descontração.

Por sorte, a maioria das pessoas prefere e trabalha melhor quando há momentos de leveza. E isso também é contagioso. Até mesmo o colega mais rabugento acha difícil não sorrir e se juntar aos outros colaboradores ao redor quando estes começam a rir. Criar momentos divertidos é fácil e grátis. Pode ser algo simples como deixar um rádio tocando em seu escritório, ou contar histórias engraçadas durante uma pausa para o café ou no começo de uma reunião com a equipe.

ENTRE EM AÇÃO

Pare de agir com tanta seriedade
Se você é o tipo de pessoa que não gosta de misturar trabalho com diversão, chegou a hora de mudar isso e se descontrair — pelo bem da sua produtividade!
- Sorria e ria durante o dia de trabalho;
- Vista roupas de que goste e que façam com que se sinta bem;
- Junte-se aos colegas de trabalho para almoçar ou para tomar drinques depois do expediente;
- Celebre os aniversários dos colegas e outros momentos especiais;
- Aproveite o tempo para compartilhar histórias divertidas e piadas;
- Organize eventos para promover o entrosamento entre as equipes.

Seja inclusivo
Diversão e descontração no trabalho são coisas que podem assumir muitas formas. E a noção que uma pessoa tem de um momento divertido pode ser diferente do que outra pessoa pensa. É importante que você tente criar atividades que todas as pessoas em seu escritório considerem positivas. A chave para isso é encontrar um ponto em comum entre todos os participantes.

Traga a diversão para todas as reuniões
Reuniões não precisam ficar de fora. Nós passamos grande parte do tempo nelas e esses encontros frequentemente são tensos. Para contrabalançar, que tal começar cada reunião com uma atividade para quebrar o gelo? Peça a todos os participantes para responderem a uma pergunta como:
- Se você pudesse visitar qualquer país no mundo, para aonde iria?
- Se sua vida servisse de inspiração para um grande filme de Hollywood, qual seria o título dele?
- Qual é a coisa da qual você mais se orgulhou em conquistar neste último ano (ou em sua vida)?

87

USE FERRAMENTAS E APLICATIVOS ON-LINE

> Há soluções on-line para todo e qualquer tipo de desafio de produtividade.

Ferramentas on-line podem fazer toda a diferença na produtividade. Profissionais de alta performance sabem disso. E a maioria deles, senão todos, está aprendendo a usar a tecnologia e sentindo-se mais confortável com a quantidade cada vez maior de ferramentas on-line e aplicativos em seus notebooks e celulares. Essas pessoas procuram diferentes ferramentas on-line constantemente para encontrar vantagens ao administrar a vida profissional e a pessoal.

Você precisa fazer alguma dessas coisas?

- Escrever e armazenar anotações e ideias;
- Priorizar tarefas durante o dia de trabalho;
- Mostrar quanto tempo você passa trabalhando em diferentes tarefas;
- Interagir em tempo real em documentos compartilhados com colegas;
- Lidar com uma longa lista de afazeres a qual recebe mudanças constantes;
- Compartilhar informações e também arquivos com outras pessoas;
- Comunicar-se com colegas de maneira mais eficiente;
- Agendar reuniões e eventos.

O segredo é explorar e experimentar com aplicativos e ferramentas em seu notebook e celular, ao mesmo tempo que trabalha da maneira mais otimizada com as ferramentas e sistemas informatizados de sua organização.

ENTRE EM AÇÃO

Encontre o que funciona para você
Explore a seleção extensa e crescente de aplicativos e ferramentas baseados na internet para descobrir quais deles vão melhorar sua produtividade e desempenho no trabalho.

A seguir, listei algumas dos mais conceituados para que você possa começar. Procurei agrupá-las de acordo com a função principal para a qual eles foram criados para que sua produtividade melhore, mas muitos deles podem ajudar de várias maneiras.

Reserve um tempo para aprender como funcionam e faça alguns experimentos.

Para ajudar a criar e administrar lista de coisas a fazer:
- Monday.com;
- Asana;
- Loop – acompanhador de hábitos;
- Holmes;
- Zoho;
- Taskade;
- Todoist;
- Trello;
- TARS Task;
- Jira.

Para ajudar a administrar seu tempo:
- Focus To-do;
- Pomodoro Timer;
- Freedom;
- Forest;
- Habitica;
- Tick Tick;
- Toggl.

Para ajudar com agendamentos de trabalho e tarefas:
- Any.do;
- Doodle;
- Google Calendar;
- Calendly.

Para ajudar a compartilhar e colaborar:
- Google Docs;
- Hive;
- Loom;
- Padlet;
- Evernote;
- Pocket;
- Slack;
- Teams;
- Trello;
- Zoom.

Para trocar mensagens com os colegas:
- Line;
- Viber;
- Wechat;
- WhatsApp.

88

ENCONTRE TEMPO

> Não se concentre em determinadas tarefas enquanto ignora outras.

Ao observar de modo mais atento os hábitos e comportamentos das pessoas, você vai descobrir que muitas têm um bom desempenho em uma parte do trabalho e da vida pessoal, mas deixam a desejar em outras áreas de suas vidas.

Talvez você conheça pessoas que:
- Trabalham em um único projeto durante várias horas em detrimento de diversas outras prioridades que também eram de sua responsabilidade;
- Passam horas em reuniões e nunca atendem ao telefone ou respondem a e-mails;
- Se concentram em novas atribuições e nunca encontram tempo para terminar tarefas existentes;
- Passam mais de dez horas por dia dentro do escritório e deixam de lado os compromissos pessoais e familiares marcados para a noite;
- Ficam entretidas com as tarefas e raramente param para almoçar ou fazer exercícios.

Como vimos no capítulo 6, não há problemas em deixar de lado atividades com pouca importância, mas há algo errado se um foco intenso em uma única prioridade resulta em negligenciar outras que são importantes.

Encontrar tempo para todos os compromissos importantes do trabalho, sem negligenciar os afazeres e compromissos fora dele é fundamental. Você deve criar uma única lista de coisas a fazer para todas as suas atividades profissionais e pessoais, criando grupos ou classes de tarefas tais como:

Grupos de tarefas relacionados ao trabalho, como:	Grupos de tarefas não relacionados ao trabalho, como:
Trabalho atual/diário	Exercícios
Projeto X	Cuidados com a casa
Projeto Y	Tempo com a família
Avaliação de estratégias	Voluntariado
Contratar novos funcionários	Saúde

Em seguida, você pode alocar uma porcentagem do tempo da semana seguinte para cada grupo de tarefas. Dividir sua semana (ou até mesmo o mês) dessa maneira o força a equilibrar o modo como concentra seu tempo e energia, e garante que nada será esquecido por não ter alocado tempo para essa atividade em particular.

ENTRE EM AÇÃO

Aloque tempo para cada grupo

Crie sua própria lista de coisas a fazer que contenha todas as atribuições, tanto profissionais quanto pessoais. Coloque cada tarefa em uma variedade de subgrupos apropriados, como nos exemplos anteriores.

Concentre-se, primeiramente, nos grupos relacionados a trabalho. Decida qual porcentagem da sua semana de trabalho você precisa dedicar a cada um deles. Depois, feche os horários da sua agenda conforme as porcentagens selecionadas. De acordo com o exemplo da página anterior, essa divisão pode ficar parecida com o seguinte:

Grupos de tarefas	Porcentagem do tempo (durante a semana)	Quando a agenda está fechada?
Tarefas relacionadas ao trabalho atual	50%	Segunda, quarta à tarde, quinta e sexta pela manhã
Projeto X	20%	Toda a terça-feira
Projeto Y	10%	Quarta-feira de manhã
Avaliação de estratégias	10%	Sexta-feira à tarde
Contratar novos funcionários	10%	2 a 4 entrevistas espalhadas pela semana
Total	100%	

Você pode criar uma divisão similar de como quer usar seu tempo livre para poder completar todos os grupos de tarefas que não estejam relacionados a trabalho, garantindo que nenhuma delas seja esquecida.

Você vai precisar ter autocontrole para garantir que:

• Não trabalhe demais em um grupo de tarefas, esquecendo-se de mudar para outro de acordo com o planejamento do cronograma;

• Suas tarefas relacionadas a trabalho não transbordem ou tomem o tempo que você separou para tarefas não relacionadas a trabalho.

NÃO DEIXE QUE OS OUTROS TOMEM SEU TEMPO

> Depois da sua saúde, o tempo
> é o seu patrimônio mais valioso.

Vimos nos capítulos anteriores ideias e ferramentas para administrar as 24 horas do dia da melhor maneira possível, desde como conseguir dormir por tempo suficiente até como fazer reuniões efetivas para não trabalhar em atividades triviais. Mas você também precisa impedir que outras pessoas tomem seu tempo. Isso pode acontecer quando seus colaboradores:

- O interrompem continuamente com perguntas e pedidos triviais;
- Não leem seus e-mails nem prestam atenção ao que você diz nas reuniões, o que faz com que tenha que repetir suas instruções ou pedidos;
- Enviam-lhe e-mails em cópia, que você precisa ler rapidamente e percebe que não lhe têm nenhuma relevância;
- O convidam para reuniões sem dizer o motivo ou sem lhe passar uma pauta;
- Criam tensões desnecessárias, conflitos e mal-entendidos que desperdiçam seu tempo e energia;
- Não planejam bem o trabalho, o que obriga você a intervir e trabalhar além do horário para garantir que os prazos de entrega sejam cumpridos.

Para ser tão produtivo quanto desejado, você não deve deixar que as pessoas desperdicem seu tempo. "Não haverá uma segunda vez" parece ser uma boa regra. Você pode ser arrastado para uma reunião longa e inútil uma vez, ou até mesmo depender excessivamente de um colega que não cumpre com o que se comprometeu a fazer, mas não deixe que essa ocorrência fique se repetindo.

ENTRE EM AÇÃO

Não se deixe enganar uma segunda vez
Não permita que seus colegas repitam ações que roubam seu tempo:
- Quando participar de uma reunião que se mostre como uma perda de tempo, tome cuidado ao aceitar futuros convites para reuniões da mesma pessoa. Considere perguntar por que você está sendo convidado;
- Quando alguém concorda em fazer algo para você, mas faz de maneira inaceitável ou não cumpre com a promessa, tome cuidado quando precisar confiar nessa pessoa novamente.

Às vezes as pessoas não percebem que estão desperdiçando o seu tempo. Talvez porque ninguém nunca lhes deu esse tipo de feedback. Ao expor suas frustrações e decepções com essas pessoas, talvez elas consigam entender o recado.

Proteja sua agenda
Se você trabalha em uma organização onde os funcionários podem ver as agendas e os cronogramas uns dos outros, você pode restringir pedaços da sua própria agenda com algumas semanas de antecedência. Esses seriam os períodos da sua semana de trabalho que estão protegidos.

Da mesma forma, quando colaboradores lhe interrompem com uma pergunta, não se deixe distrair nesse momento (a menos, é claro, que seja uma emergência). Verifique sobre o que eles querem conversar e diga de maneira firme, mas educada, que você está ocupado e sugira conversarem mais tarde.

TRABALHE SOZINHO ÀS VEZES

*Se você estiver com pressa
para concluir tarefas, trabalhe sozinho.*

A maioria das pessoas percebe que é mais produtiva quando trabalha sozinha. De acordo com uma pesquisa publicada em 2008 pela Universidade de Calgary, nós finalizamos nosso trabalho mais rápido quando estamos isolados do que quando há colegas trabalhando ao redor. Pesquisadores descobriram que ver pessoas ou saber que há pessoas à sua volta, as quais estão ocupadas com tarefas diferentes, é algo que distrai e diminui a produtividade. Um estudo de 2020, publicado resumidamente na *Harvard Business Review*, descobriu que trabalhadores concentrados no conhecimento eram mais produtivos quando trabalhavam em casa, sozinhos, do que quando trabalhavam em seus escritórios. Eles passavam 12% menos tempo sendo arrastados para reuniões improdutivas e podiam passar 9% mais tempo em contato com seus clientes e outros *stakeholders* externos importantes.

Trabalhar sozinho significa que é possível trabalhar em silêncio, o que traz benefícios comprovados à produtividade:
- Um estudo de 2013 publicado no periódico *Brain Structure and Function* demonstrou que períodos passados em silêncio promovem o desenvolvimento celular no hipocampo, a parte do nosso cérebro relacionada à memória;
- Uma pesquisa publicada em 2021 pelo periódico *Indoor Air* concluiu que as pessoas que trabalham em silêncio sofrem menos estresse e sobrecarga cognitiva.

Esconder-se em um canto e trabalhar sozinho pode trazer enormes benefícios à produtividade. Por isso, sempre tente encontrar tempo para trabalhar afastado de outras pessoas, mas não se isole. Há muitas ocasiões em que você precisa interagir fisicamente com outras pessoas em tarefas que requerem colaboração, compartilhamento de ideias e discussão.

ENTRE EM AÇÃO

Fique confortável ao trabalhar em isolamento
Se você for introvertido, talvez já esteja maximizando o tempo que tem para trabalhar sozinho, usando salas de reuniões vazias ou trabalhando em casa quando possível. Mas, se for extrovertido, isso pode ser uma dificuldade maior. Pessoas extrovertidas adquirem energia por meio da interação com outras pessoas e podem achar difícil trabalhar sozinhas por longos períodos. Felizmente, usar o tempo a sós para aumentar a produtividade não é o mesmo que se tornar um ermitão. Basta estar preparado, no mínimo, para trabalhar sozinho ao completar tarefas que:
- Requerem foco e concentração intensos;
- Envolvem ler e refletir a respeito de muitos materiais escritos;
- São complicadas e detalhadas, nas quais qualquer distração interromperia o fluxo de trabalho.

Crie uma área de trabalho isolada
Experimente as seguintes dicas para criar um espaço onde você possa trabalhar sozinho:
- Se você tem seu próprio escritório, feche a porta;
- Se trabalha em uma área aberta e barulhenta, encontre uma sala vazia. Se não for possível, procure o lugar mais tranquilo que puder;
- Se não conseguir se afastar da sua estação de trabalho, informe aos colegas que você precisa se concentrar e estime de quanto tempo vai precisar. Tente usar fones de ouvido sem colocar nenhum som para tocar — ou até mesmo fones com a função de cancelamento de ruídos —, para criar a impressão de que você não pode ser interrompido.

NÃO TRAPACEIE

> *Fazer um trabalho de má qualidade não é algo que leva ao sucesso.*

Há uma maneira certa e uma errada de alcançar seus objetivos. Você já deve ter visto colegas que:
- Fingiram ter concluído uma tarefa, quando ainda nem haviam começado;
- Receberam o crédito pelo trabalho e ideias de outras pessoas;
- Não seguiram os sistemas e processos corretos, levando a problemas de qualidade, segurança ou governança;
- Encobrem erros que cometeram que, mais tarde, podem causar todo tipo de problemas para outras pessoas que dependem desses resultados para completar o próprio trabalho;
- Inventam desculpas e responsabilizam outras pessoas por seus próprios erros e decisões incorretas;
- Oferecem ou recebem subornos de fornecedores ou clientes;
- Contam e espalham mentiras sobre o comportamento, as ações ou o desempenho de outras pessoas;
- Trapaceiam e mentem em todo tipo de documentação — desde os formulários para o reembolso de despesas até as folhas-ponto diárias.

Uma pessoa bem-sucedida com um desempenho genuinamente alto nunca vai se rebaixar a esse tipo de comportamento. Ela sempre vai tentar agir de modo a ter o melhor desempenho possível. Vai pedir desculpas abertamente quando cometer erros. E vai cobrar de sua organização, e de si mesma, que tudo seja feito da maneira mais ética. Quando agem dessa maneira, as pessoas podem conseguir se safar no curto prazo, mas, cedo ou tarde, acabam sendo descobertas. Por isso, ande pelo caminho correto. Mantenha a integridade. Seja produtivo; não tente apenas parecer produtivo.

ENTRE EM AÇÃO

Reflita a respeito de seus valores e padrões

Quando estiver sob pressão para alcançar seus objetivos, pode ser tentador tentar fazer as coisas sem tomar muito cuidado, priorizando a quantidade em vez da qualidade. Você consegue se ver fazendo isso? É possível avaliar sua postura ética fazendo testes on-lines[1].

Caso faça algum, reflita acerca do resultado para ter certeza de que seu padrão ético está onde você espera ou gostaria que estivesse.

Sempre siga as regras

Há regras explícitas e implícitas sobre integridade e ética a que você sempre deve obedecer, incluindo:

- A legislação existente em seu país, como a Lei de Práticas de Corrupção Estrangeira nos Estados Unidos ou a Lei de Subornos do Reino Unido (2010);
- Um manual formal para funcionários, código de ética ou código de conduta que exista em sua organização, profissão ou área de atuação;
- Maneiras aceitáveis de trabalhar em sua organização. Por exemplo, se uma pessoa cometer um erro, ela sempre deve assumir o que fez e informar o superior.

O importante é ter o seguinte em mente: se você quiser ser uma pessoa bem-sucedida e altamente produtiva, faça isso do jeito certo. E não seja um babaca.

---

[1] Alguns sites, em inglês, em que pode avaliar sua ética: Momento da Verdade: Avaliação da Ética (https://quiz.tryin-teract.com/#/5ba94b62d60509001343dd10); Autoavaliação de ética PMI (https://www.pmi.org/-/media/pmi/documents/public/pdf/ethics/ethics-self-assessment.pdf?v=b8c50e98-936f-4b14-9f53-ae1d50fe4afc);
Teste de Integridade e Ética no Trabalho da Psychology Today (https://www.psychologytoday.com/gb/tests/career/integrity-and-work-ethics-test).

92

REGISTRE IDEIAS INESPERADAS

> *Capture aqueles momentos "eureka" — eles podem turbinar seu desempenho.*

Ser produtivo envolve analisar continuamente todos os tipos de questão, situação, cenário e problema, para em seguida criar respostas e soluções. Essas respostas podem surgir rapidamente — em uma reunião com a equipe, em que o problema está sendo discutido, ou enquanto lê um e-mail que descreve o desafio que precisa ser resolvido. Mas nem sempre é o caso.

Às vezes as melhores ideias costumam surgir somente mais tarde, e com frequência nos momentos mais inoportunos — quando se está passeando com o cachorro, tomando banho ou ainda quando acorda de supetão às três horas da manhã com uma resposta completamente formada.

De acordo com o Banco Barclays, do Reino Unido, o momento mais comum para proprietários de pequenas empresas terem novas ideias de negócio é por volta das 2h33 da manhã, com mais da metade dos entrevistados (57%) admitindo que já acordaram no meio da noite com ideias na cabeça.

Momentos "eureka" surgem em situações aleatórias. Na maioria das vezes, você se afastou do problema que está tentando resolver, mas seu cérebro continua trabalhando nele sem causar alarde, em segundo plano. Isso nem sempre é conveniente, mas vamos parar por um momento e perceber como o nosso cérebro é incrível.

Uma boa técnica de produtividade é saber que esses lampejos de inspiração virão e nos prepararmos para eles, encontrando maneiras de registrá-los de modo que, quando você voltar a se debruçar sobre o trabalho, possa acessá-los outra vez.

ENTRE EM AÇÃO

Desenvolva uma maneira de registrar ideias com facilidade
Há muitas maneiras de registrar seus momentos "eureka". Você pode fazer do jeito tradicional e anotar ou desenhar suas ideias:
- Mantenha um bloco de anotações e uma caneta ao lado de sua cama ou no banheiro;
- Coloque uma pequena lousa na sua cozinha ou escritório;
- Tenha um caderno e uma caneta consigo quando estiver viajando.

De forma alternativa, adote uma solução tecnológica e use seu celular ou um tablet para capturar suas ideias:
- Mande mensagens de texto ou e-mails para si mesmo;
- Use um aplicativo de correio de voz para registrar suas ideias verbalmente;
- Digite-as em um aplicativo de anotações como o Note2Self, Deepstash ou Google Keep;
- Ou use um site de buscas para procurar uma imagem ou página na internet que vai ajudá-lo a se lembrar da ideia (e aí você pode tirar um *printscreen* ou salvar para consultar mais tarde).

Esvazie a mente para abrir espaço
Ainda mais importante do que registrar seu momento "eureka", entretanto, é fazer com que mais momentos de *insights* inesperados venham até você. Para fazer isso, aprenda a acalmar e esvaziar a mente. A maneira mais fácil de fazer isso é por meio das seguintes práticas:
- Ioga e exercícios de respiração;
- Meditação ou oração;
- Evitar assistir à T.V ou usar o celular antes de ir para a cama;
- Ler livros ou artigos relaxantes ou inspiradores;
- Escutar música tranquila e relaxante;
- Ter uma boa noite de sono;
- Evitar álcool ou outras drogas;
- Fazer um passeio em meio à natureza.

ESCOLHA SEUS AMIGOS COM SABEDORIA

> *Pessoas produtivas tendem a gravitar para perto de indivíduos com qualidades que gostariam de emular.*

Existe uma ideia que diz de que somos a soma dos nossos cinco amigos mais próximos. Isso faz sentido. Você é influenciado fortemente pelas pessoas com quem passa a maior parte do tempo, e acaba assimilando a maneira de se comportar e pensar dessas pessoas. Assim, se quiser ser mais produtivo, deveria se associar a pessoas produtivas e modelos de sucesso que possam ser um modelo a ser seguido. Há estudos que confirmam isso:

- O falecido psicólogo de Harvard, dr. David McClelland, é citado amplamente por haver concluído que as pessoas com as quais passamos mais tempo determinam até 95% dos sucessos e fracassos em nossas vidas;
- Em um estudo publicado no periódico *Psychological Science* em 2013, pesquisadores descobriram que passar mais tempo com pessoas que tenham muita força de vontade aumenta a sua própria força de vontade e autocontrole.

Seja seletivo em relação a quem você inclui em seu círculo pessoal, em quem você procura ter como mentores e com quem você passa a maior parte do tempo no trabalho e na vida social. Pessoas produtivas são atraídas para indivíduos com qualidades que querem seguir, tais como:

- Persistência;
- Determinação;
- Foco;
- Ambição;

- Estrutura;
- Empatia;
- Ética;
- Honestidade.

Tente evitar passar seu tempo com qualquer pessoa que o deixe esgotado ou que exerça influência negativa em você.

ENTRE EM AÇÃO

Passe tempo com pessoas altamente produtivas
Passe mais tempo com pessoas que apoiam e acreditam em seu desejo de ter mais sucesso em seu trabalho e na carreira.

Evite colegas, parentes e amigos tóxicos
Pare de passar tempo com pessoas que o deixam desanimado e que dificultam seu crescimento e a disposição em melhorar. Já é suficientemente difícil ter sucesso na vida, mas isso fica muito pior quando se está em companhia de pessoas destrutivas que:
- Drenam sua energia;
- Tiram sua motivação;
- Ridicularizam e criticam seus objetivos e ideias;
- São preguiçosas e desorganizadas;
- Menosprezam e depreciam você;
- Têm inveja de você;
- Não se importam com os interesses que você tem;
- Sabotam ativamente você;
- O culpam e criticam às escondidas;
- Não dão o apoio nem a ajuda que poderiam dar.

Não é preciso criar atritos maiores com uma ruptura enorme e desconfortável. Basta passar menos tempo com essas pessoas. Encontre justificativas para estar ocupado quando elas lhe convidam para sair e evite conversar por muito tempo com elas quando estiver no escritório.

94

CUIDADO AO TRABALHAR EM GRUPOS

> *Não siga a multidão estando de olhos fechados; ela pode estar indo na direção errada.*

Como vimos, ser produtivo é bem mais do que um projeto individual. Seu desempenho depende de trabalhar em equipe da melhor maneira possível. Quando se faz isso bem, os resultados podem ser maravilhosos. Como resultado da colaboração, compartilhamento, apoio e ajuda mútua entre os membros da equipe, você fica mais produtivo, motivado, criativo, esforçado e envolvido.

Os benefícios de trabalhar em equipe foram bem pesquisados. Um estudo renomado de Stanford, publicado em 2014 no *Journal of Experimental Social Psychology* revelou que, comparados àqueles que trabalhavam sozinhos, os participantes do estudo que se dedicavam a tarefas em grupos:
- Continuavam a trabalhar com suas tarefas por mais tempo e conseguiam resultados melhores;
- Diziam estar menos cansados e mais envolvidos;
- Estavam mais motivados a assumir desafios devido à mera sensação ou percepção de fazerem parte de uma equipe.

Quando trabalhar em equipe, tente sustentar esses benefícios positivos ao mesmo tempo que minimiza quaisquer desvantagens potenciais, que incluem:
- Cair na armadilha do pensamento de manada — aceitar a decisão ou o consenso de um grupo, mesmo que algumas pessoas da equipe saibam que é incorreto;
- Algumas pessoas realmente trabalham melhor sozinhas e têm dificuldade de se alinhar e interagir quando trabalham com outros;

- Energia e tempo desperdiçados em questões de dinâmica de equipe, como personalidades conflitantes, responsabilização por problemas e comunicação ruim;
- Volumes de trabalho desequilibrados — parte da equipe age de modo mais desleixado e preguiçoso, enquanto outros recebem coisas demais para fazer e são forçados a trabalhar em excesso.

ENTRE EM AÇÃO

Siga as regras
Siga estas regras essenciais do trabalho em equipe para garantir que, sempre que estiver trabalhando em grupo, o trabalho e o ambiente da equipe melhorem sua produtividade:
- Fortaleça os relacionamentos e a confiança — para alcançar todo o seu potencial coletivo, você e seus colegas precisam se conhecer muito bem e estabelecer altos níveis de confiança;
- Estejam alinhados em propósitos e valores — é importante concordar até que ponto vocês desejam chegar como grupo e como vão trabalhar juntos, em termos de valores em comum da equipe;
- Entendam as funções, objetivos e pontos fortes de todos os membros da equipe — é muito mais fácil trabalhar de forma produtiva quando vocês conhecem as responsabilidades, os principais indicadores de desempenho e os pontos fortes e fracos dos outros membros da equipe;
- Criem uma cultura de colaboração e compartilhamento — ajudem e se apoiem mutuamente para aproveitar as sinergias da equipe;
- Tomem decisões coletivas excelentes — é importante que todas as vozes e opiniões sempre sejam ouvidas e compartilhadas, e que os membros da equipe se sintam confortáveis quando precisarem desafiar ou criticar uns aos outros;
- Evite joguinhos e desperdícios de tempo — nunca desperdice tempo valioso sendo atraído para sessões de fofoca, cedendo aos joguinhos políticos do escritório ou em reuniões inúteis;
- Avaliem regularmente como vocês estão trabalhando juntos — recolham o feedback e concordem em implementar quaisquer sugestões úteis sobre como todos podem funcionar como equipe com mais sucesso.

CONVERSE MAIS CARA A CARA

| *A comunicação verbal, cara a cara,*
| *é vital para melhorar a produtividade*

Existe uma crença disseminada de que mandar uma mensagem por escrito é mais rápido, mais eficiente e menos inconveniente do que pegar o telefone. É por isso que todos nós temos a tendência de confiar demais no envio de e-mails, e não nos comunicamos tanto verbalmente. Isso é errado. Pesquisas mostram que depender de e-mails, memorandos e aplicativos de mensagens é prejudicial à sua postura pessoal, a seus relacionamentos e à produtividade.

- Você é malcompreendido com mais facilidade quando se comunica por escrito. Um estudo de 2021 encomendado pela empresa Hidden Hearing, do Reino Unido, descobriu que frequentemente desperdiçamos tempo quando temos dificuldades para decifrar mensagens de texto. Na pesquisa, um terço dos entrevistados disse que havia se desentendido com alguém simplesmente porque não conseguiu compreender direito uma mensagem de texto;
- Para a persuasão, falar pode ser mais eficaz do que escrever. Em um estudo de 2017, publicado no *Journal of Experimental Social Psychology*, os pesquisadores concluíram que nós superestimamos nossa capacidade de convencer e explicar quando nos comunicamos por escrito, ao mesmo tempo que subestimamos o quanto podemos ser persuasivos quando falamos. Uma das razões apresentadas foi a falta de conexão pessoal e empatia sentida pelas outras pessoas ao confiarem em mensagens escritas;
- Falar, em vez de mandar mensagens por escrito, cria uma relação mais forte entre as pessoas. Em uma pesquisa da *Universidade do Texas*, em Austin, publicada em 2020, os pesquisadores concluíram que falar com as pessoas cria elos e conexões mais fortes do que ao fazê-lo por meio de mensagens escritas. O mesmo estudo revela que

as pessoas preferem mandar mensagens de texto ou e-mails porque sentem que isso é menos constrangedor do que falar;
- Quando quiser que alguém goste de você e aceite suas ideias e opiniões, é fácil falhar ao se comunicar por escrito, já que, de acordo com o professor Albert Mehrabian, da UCLA, nós geralmente gostamos mais das pessoas devido à aparência e maneira de falar delas, em vez de basearmos essa preferência nas palavras que elas escolhem dizer.

A comunicação verbal, cara a cara, tem uma importância enorme na melhora da produtividade. Tente sempre conversar pessoalmente (ou on-line, ou pelo telefone) do que depender de uma discussão por e-mail ou via WhatsApp.

ENTRE EM AÇÃO

Converse pessoalmente

Quando tiver uma mensagem curta ou um punhado de palavras para compartilhar com um colega ou parceiro de negócios, ligue para essa pessoa. Isso vai dar um toque humano à sua mensagem e é uma oportunidade para fazer uma breve conexão. Você sempre pode seguir a conversa com um e-mail curto para confirmar o que foi discutido.

A seguir há uma lista de situações em que a comunicação feita pessoalmente, em vez de por escrito, vai ser mais efetiva:
- **Passar más notícias**: quando você precisa dar um feedback mais crítico a um colega ou membro da equipe, é melhor fazer isso verbalmente do que por escrito. O feedback por escrito pode parecer frio e pode ser mal compreendido com facilidade. Ao conversar cara a cara, você pode ver e sentir as reações da pessoa e responder de acordo;
- **Acompanhamento de pedidos feitos por escrito**: quando enviar instruções, planos de ação ou qualquer tipo de pedido complicado por e-mail, complemente a mensagem com uma conversa por escrito. Conversar juntos, mesmo que seja por telefone, faz com que você verifique se foi entendido. E isso permite que a outra parte faça perguntas, descreva suas preocupações e, se necessário, apresente contrapropostas e negocie com você. Esse tipo de diálogo levaria muito mais tempo se acontecesse por e-mail;

- **Encontre tempo para fazer o acompanhamento regular:** uma reunião presencial faz com que vocês consigam discutir questões e tópicos de maneira mais rápida e mais eficiente do que por meio de uma longa sequência de e-mails. Mantenha as reuniões com a equipe curtas e siga as melhores e mais efetivas práticas de reuniões apresentadas no capítulo 22 e no capítulo 70.

96

INVISTA EM VOCÊ

> *Você não vai conseguir atingir todo o seu potencial se não investir em si mesmo.*

Pessoas produtivas sabem que seu sucesso futuro depende do investimento em ferramentas e soluções que melhoram a produtividade. Estas normalmente podem ser classificadas nas seguintes categorias:
- **Saúde**: consulte o capítulo 4 para conhecer a importância de estar em forma e saudável, e como isso pode fazer de você uma pessoa altamente produtiva;
- **Ambiente de trabalho**: veja, no capítulo 30, a importância de ter uma estação de trabalho ergonômica e, no capítulo 54, os benefícios de criar a melhor área de trabalho possível;
- **Rede de apoio**: como exploramos no capítulo 10, você pode precisar da ajuda de outras pessoas para diminuir a carga de trabalho que está sobre seus ombros;
- **Ferramentas**: pode haver soluções de hardware, software e on-line que você precisa usar para melhorar sua produtividade;
- **Processos e sistemas**: pode ser necessário fazer investimentos para automatizar processos manuais ou para aproveitar soluções de IA (um tópico que exploramos no capítulo 85).
- **Aprendizado**: consulte o capítulo 72 para saber como a aquisição de novas competências e conhecimentos pode ser a chave para ter um bom desempenho e para manter a produtividade.

ENTRE EM AÇÃO

Invista em todas as áreas necessárias
Use a tabela a seguir para ter ideias a respeito de em que área você pode precisar investir em si para melhorar seu desempenho e produtividade:

Área de foco	Exemplos de compras que melhoram a produtividade
Sua saúde	• De preferência a alimentos e bebidas que ajudem a manter seu nível de energia e o cérebro funcionando; • Marque *check-ups* e exames médicos regularmente; • Frequente uma academia ou associe-se a um clube esportivo.
Seu ambiente de trabalho	• Invista em uma cadeira e uma mesa de trabalho mais ergonômicas; • Troque as lâmpadas para outras que tenham cores mais quentes; • Instale um ventilador ou um ar-condicionado em sua área de trabalho; • Alugue um espaço de trabalho maior, com melhor circulação de ar e luz natural.
Pessoas para darem apoio	• Contrate mais funcionários para a sua equipe; • Invista em um consultor *freelancer*; • Trabalhe com um serviço de secretariado virtual; • Treine e aprimore sua equipe.

Suas ferramentas	• Atualize seu notebook para um modelo mais rápido e com mais espaço no HD; • Mude para um serviço de internet de banda larga mais rápido; • Invista em um serviço de backup de dados; • Comece a usar ferramentas de produtividade pagas, soluções de software e outros serviços.
Seus processos e sistemas	• Invista na automação de alguns dos seus processos manuais que consomem tempo e são sujeitos a erros; • Use sistemas on-line e armazene seus dados na nuvem.
Seu aprendizado	• Volte para a escola, matriculando-se em algum curso em uma faculdade local, escola de negócios ou plataforma de aprendizado on-line; • Invista em livros relevantes, cursos, treinamentos e em orientação profissional.

Identifique os benefícios

Se tiver a possibilidade de ser reembolsado pela sua empresa, seu desafio vai ser apresentar uma boa justificativa para seu chefe e pedir a ele que aprove suas despesas. Se estiver pagando do próprio bolso, talvez você esteja relutante em gastar esse dinheiro, mas pense como um investimento que terá retornos financeiros e tente visualizar como isso pode acontecer, como o tempo poupado pela automação de processos manuais.

SEJA FRANCO EM RELAÇÃO A SEUS OBJETIVOS

Cobre a si mesmo e informe outras pessoas quanto a seus objetivos e planos.

Vai ser mais fácil alcançar seus objetivos se você compartilhar os detalhes deles com outras pessoas. Isso foi confirmado em um estudo publicado em 2016 pela American Psychological Association, que analisou 138 estudos e concluiu que sua chance de alcançar seus objetivos aumenta quando você os compartilha e os comenta publicamente. Os benefícios de fazer isso abertamente incluem:

- A sensação de não estar sozinho quando pode contar com alguém que entende o que você está tentando conquistar;
- A motivação adicional de ter alguém que pode apoiá-lo e pode cobrar seus resultados;
- A possibilidade de discutir suas metas e de receber feedback e conselhos.

Para isso funcionar, não é necessário compartilhar seus planos com qualquer pessoa. Escolha somente aquelas que são interessadas e que podem ajudar e dar apoio. Além de tudo, selecione aquelas que você admira e respeita. Essa foi a conclusão de um estudo feito em 2020, da Universidade Estadual de Ohio, publicado no *Journal of Applied Psychology*, que descobriu que as pessoas demonstram maior comprometimento para alcançar metas quando as compartilha com alguém que admira (frequentemente, uma pessoa mais experiente ou de maior status). Você vai ter uma probabilidade maior de persistir porque não gostaria de decepcionar essa pessoa.

Mantenha seu círculo pequeno e evite cometer o erro de falar para todas as pessoas à sua volta. Há pouco benefício em anunciar seus objetivos amplamente. E há também o risco de que algumas pessoas possam agir de maneira negativa, cínica, invejosa e que tentem até mesmo minar e sabotar seu sucesso.

ENTRE EM AÇÃO

Encontre um parceiro para ficar no seu pé
O parceiro para ficar no seu pé deve preencher os quatro pré-requisitos abaixo:
- Ser uma pessoa que você conhece bem;
- Ser alguém que está interessado no seu sucesso;
- Ser alguém em quem você confia e respeita;
- Ser alguém que você admira e um modelo a seguir.

Pode ser um colaborador em um ponto mais alto da hierarquia na sua empresa, um mentor com quem você trabalhou no passado, um ex-chefe aposentado ou até mesmo um de seus colegas. Pergunte a essa pessoa se ela estaria disposta a agir como mentor e orientador, explicando que você vai compartilhar seus objetivos e planos com ela e pergunte se, em troca, ela vai lhe dar apoio e encorajamento, ao mesmo tempo que se dispõe a fazer as cobranças necessárias.

Quando encontrar alguém disposto a ajudá-lo, concordem em fazer reuniões (pessoalmente ou on-line) regularmente para:
- Entender seus objetivos e aspirações;
- Explorar como eles podem ter mudado no decorrer do tempo;
- Monitorar e reavaliar seu progresso para alcançá-los;
- Celebrar quaisquer sucessos;
- Fazer sessões de *brainstorm* sobre os obstáculos e desafios com os quais você se depara;
- Desafiá-lo quando você pode estar perdendo agilidade ou mostrando sinais de que vai desistir.

Além dos objetivos focados no trabalho, você pode fazer a mesma coisa com sua vida pessoal e metas de vida, compartilhando-as com um amigo de confiança ou membro da família.

98

SEJA HONESTO CONSIGO MESMO

> *Você pode enganar quem quiser,*
> *mas nunca engane a si mesmo.*

Não faz sentido ler este livro e tentar implementar o que aprendeu se não for honesto consigo mesmo. Infelizmente, muitas pessoas não são, e elas se transformam em suas piores inimigas quando tentam se tornar mais produtivas. Você provavelmente já está familiarizado com os seguintes cenários que surgem devido ao estado de negação:

- Agir por estar convencido de que uma previsão reavaliada de vendas é alcançável, depois de ter visto dados que claramente demonstram o contrário;
- Prometer a si mesmo que vai participar de uma reunião com a equipe amanhã quando sabe que não vai conseguir voltar a tempo de uma visita a um cliente;
- Agir de maneira mesquinha, fria e difícil com os membros da sua equipe, ao mesmo tempo que nega completamente sua conduta inadequada;
- Dizer a si mesmo que gosta do trabalho quando a verdade é o contrário, e isso está deixando você mal;
- Criar uma lista longa e detalhada de coisas a fazer e dizer a si mesmo que ela vai ser concluída até o fim do mês, quando lhe é óbvio que essa lista é longa demais e impossível de ser completada a tempo;
- Dizer a si mesmo e a outras pessoas que uma tarefa desafiadora na qual está trabalhando vai estar pronta no prazo de entrega, quando seu cronograma de trabalho está atrasado e você sabe que não vai terminar a tempo;
- Convencer a si mesmo de que está muito feliz com o progresso de um projeto até agora, quando, na verdade, você ainda tem muitas dúvidas e reservas relacionadas a ele.

Esses são exemplos comuns porque as pessoas não gostam de admitir que as coisas não estão perfeitas ou que não gostam de lidar com as consequências. Pessoas produtivas sabem que é impossível obter valor quando enganam a si mesmas ou as pessoas à sua volta.

ENTRE EM AÇÃO

Conheça a si mesmo

Tente entender os motivos pelos quais está ignorando aquilo que deveria ser óbvio. Pense em situações recentes nas quais você agiu em negação e se pergunte o motivo pelo qual está disposto a se enganar dessa maneira. Isso aconteceu porque teve medo de ser honesto consigo mesmo e encarar as consequências, incluindo a possibilidade de irritar outras pessoas, ou porque agiu apenas movido por um otimismo cego, recusando-se a acreditar que um resultado decepcionante poderia ocorrer? É possível que você nem mesmo estivesse em negação. Em vez disso, você simplesmente não analisou a situação adequadamente, ou não se deu conta dos fatos.

Comprometa-se a ser honesto consigo mesmo

Começando hoje mesmo, seja totalmente honesto e realista consigo, em especial quando tiver que encarar situações e decisões importantes. Comprometa-se, no mínimo, a não mais:

- Fingir que pode realizar mais do que aquilo que realmente é capaz e concordar com prazos de entrega impossíveis;
- Enganar-se, pensando que entende alguma coisa sobre a qual você tem pouco ou nenhum conhecimento;
- Dar apoio a algo com o que não concorda;
- Dizer "sim" a si mesmo quando sabe que a resposta correta é "não".

99

SEJA UMA REFERÊNCIA EM SUA ÁREA

> Esteja disposto a ganhar expertise em qualquer ramo em que atue.

Você é uma referência no que faz? A expertise é um trunfo importante de produtividade. Quando se tem conhecimento profundo sobre as funções de seu emprego e área de atuação profissional, você trabalha de maneira mais rápida e eficiente. Ao se tornar uma autoridade em seu domínio ou campo de atuação, vai conseguir otimizar seu desempenho no trabalho por meio de uma combinação que envolve:

- Ser capaz de concluir com mais facilidade as tarefas e atribuições de seu emprego;
- Ser mais preciso e assertivo, e cometer menos erros;
- Ter ideias para melhorar processos e maneiras de trabalhar;
- Ter a sabedoria necessária para resolver novos problemas;
- Melhorar sua autoconfiança para enfrentar desafios mais difíceis;
- Ser capaz de apoiar, agir como mentor e treinar seus colegas.

Você também vai ter uma vantagem competitiva sobre os demais, e isso vai fazer com que seja mais valorizado na empresa em que trabalha.

ENTRE EM AÇÃO

Acumule expertise na sua área escolhida
Use as dicas a seguir para ganhar expertise em sua área profissional:

- Faça com que o aprendizado seja sua prioridade mais alta, conforme as dicas expostas no capítulo 72. No mínimo, leia os periódicos relevantes e as publicações profissionais;

- Mergulhe de cabeça no trabalho, procurando novos desafios e oportunidades para conquistar novas competências e conhecimentos. Use os conselhos expostos no capítulo 40 sobre praticar deliberadamente suas novas habilidades;
- Encontre alguém que já seja especialista em sua área e peça a essa pessoa que lhe faça um trabalho de mentoria. O capítulo 57 explica como encontrar e trabalhar com essa figura;
- Una-se e participe de associações relevantes. Por exemplo, se quer ser um especialista em padrões de contabilidade, você pode decidir se tornar um membro credenciado de uma organização global de contabilidade;
- Considere voltar, em meio período ou período integral, para o ambiente acadêmico e aprofundar seu conhecimento a respeito de teorias, modelos, pesquisas e linhas de pensamento mais recentes em sua área de atuação;
- Participe de congressos, exposições e outros eventos que abranjam a área em que você quer se destacar. Sempre encontre tempo para escutar e conversar com os expositores e outros participantes desses eventos.

Ensine e retribua

Conforme seu conhecimento cresce, compartilhe sua expertise por meio de podcasts, postagens em blogs, artigos jornalísticos e científicos. Você também pode se oferecer para palestrar em eventos relevantes.

Esteja disponível para ensinar e agir como mentor para seus colegas. Isso pode afastá-lo de tarefas mais urgentes e importantes, mas esse desafio de administração do tempo pode ser resolvido caso consiga incluir a expressão "ser um especialista no assunto" na descrição das atribuições de seu cargo. Essa parte do seu dia de trabalho pode ser formalmente alocada a ensinar, ajudar e apoiar seus colegas.

100

AVALIE SEU PROGRESSO

| *Você acha que é produtivo, mas será que é?*

Para conseguir implementar as várias ferramentas e conselhos contidos neste livro, há três qualidades importantes que se deve manter em mente:
- Paciência;
- Disposição para dar um passo atrás e fazer avaliações;
- Abertura para compartilhar aquilo que aprendeu.

Tornar-se uma pessoa produtiva não é algo que acontece da noite para o dia. É uma jornada de tentativa e erro. Novos desafios vão exigir novas maneiras de pensar e novas soluções. É fácil se sentir frustrado quando as primeiras tentativas de criar listas de afazeres ou organizar seu dia de trabalho não trazem benefícios imediatos ou quando sua esperança de criar reuniões mais produtivas para a equipe e um ambiente de trabalho mais limpo e saudável não parecem ter o impacto pretendido.

Seja paciente e dê tempo ao tempo. Se você estiver fazendo as coisas certas, então, com o passar dos dias, o esforço para ser mais produtivo e gerar resultados será visível. Pessoas produtivas separaram algum tempo para avaliar aquilo que está funcionando bem e o que precisa de uma porção maior de sua atenção, avaliando como estão resolvendo seus desafios de produtividade. Esse é somente o começo da sua jornada. Será necessário sempre ajustar as coisas de modo que possa trabalhar de maneira realmente inteligente e produtiva.

ENTRE EM AÇÃO

Faça uma auditoria de produtividade
Dê a si dois ou três meses para implementar as novas maneiras de trabalhar. Em seguida, faça uma pausa para refletir como as coisas estão indo.

- Lembre-se dos problemas de produtividade que queria resolver. Talvez você precisasse aprender a resistir e dizer "não" a pedidos que o faziam perder tempo, ter noites melhores de sono ou fazer melhor uso de aplicativos de produtividade;
- Analise seu progresso até aqui e veja se essas metas foram alcançadas. Você pode receber feedback dos colegas, perguntar se observaram alguma melhora em áreas específicas de seu trabalho;
- Avalie como atualmente está usando quaisquer das ferramentas e ideias sobre as quais aprendeu neste livro;
- Celebre quaisquer sucessos, ao mesmo tempo que se compromete a se esforçar mais nos objetivos que ainda precisam de atenção;
- De acordo com *feedbacks* e suas próprias observações, crie um novo plano de ação para melhorar suas habilidades de aprimoramento de produtividade.

Torne-se uma autoridade em relação a como fazer as coisas
Agora que você chegou ao fim dos 100 capítulos deste livro, não guarde toda essa informação só para si. Tente expandir o conceito apresentado no capítulo 99 de se tornar especialista em sua área, comprometendo-se a ser uma autoridade em produtividade. Ao compartilhar seus *insights* e conselhos, você vai deixar um legado positivo e ajudar seus colegas (e também sua família e amigos) que estão tendo dificuldades para lidar com prazos de entrega, priorização de tarefas e em alcançar seus objetivos.

E FINALMENTE...

> Sempre esteja aberto a novas e inesperadas ideias relacionadas à produtividade, fazendo o que for necessário para manter e aumentar seu desempenho.

Espero que os conselhos, ideias e palavras de sabedoria espalhados neste livro inspirem você a ter mais sucesso em todos os aspectos de sua vida.

Esteja aberto a expandir as 100 coisas neste livro para encontrar maneiras novas e empolgantes de ser alguém mais produtivo com qualquer tipo de tarefa que queira completar.

Eu adoraria poder manter contato e saber como o meu livro ajudou e inspirou você a chegar ao sucesso. Por favor, entre em contato comigo pelo Facebook, LinkedIn, Twitter ou pelo Instagram. Você também pode enviar um e-mail para nigel@silkroadpartnership.com.

BIBLIOGRAFIA

Capítulo 2

CHOWDHURY, S. The construct validity of active procrastination: is it procrastination or purposeful delay?. Dissertação (Master of Arts in Psychology). Carleton University, 2016. Disponível em: https://curve.carleton.ca/system/files/etd/0b56283e-c2fa-43a4-bc29-34f6e4783c66/etd_pdf/7ea0cbef842a6734eb5210f11138443b/chowdhury-theconstructvalidityofactiveprocrastination.pdf. Acesso em: 10 abr. 2023.

MASICAMPON, E. J.; BAUMEISTER, R. F. *Consider it done? Plan making can eliminate the cognitive effects of unfulfilled goals.* In: *Journal of Personality and Social Psychology*, v. 20 jun. 2011. Disponível em: https://doi.org/10.1037/a0024192. Acesso em: 10 abr. 2023.

Capítulo 3

ELSWORTHY, E. *Average British attention span is 14 minutes, research finds.* In: *Independent*, 28 dez. 2017. Disponível em: https://www.independent.co.uk/news/uk/home-news/attention-span-average-british-person-tuned-concentration-mobile-phone-a8131156.html. Acesso em: 10 abr. 2023.

MÉTODO POMODORO. In: Wikipedia. Disponível em: https://en.wikipedia.org/wiki/ Pomodoro_Technique. Acesso em: 10 abr. 2023.

SUN REPORTER. *Make it snappy: average Brit has an attention span of just 14 minutes, study finds.* In: *The Sun*, 28 dez. 2017. Disponível em: https://www.thesun.co.uk/news/5222877/average-brit-has-an-attention-span-of-just-14-minutes-study-finds/. Acesso em: 10 abr. 2023.

Capítulo 4

ALHOLA, P.; POLO-KANTOLA, P. *Sleep deprivation: impact on cognitive performance.* In: *Neuropsychiatric Disease and Treatment*, v. 3, n. 5, out. 2007. Disponível em: https://www.ncbi.nlm.nih.gov/pmc/articles/PMC2656292/. Acesso em: 10 abr. 2023.

CONNOR, T. S. et al. *On carrots and curiosity: eating fruit and vegetables is associated with greater flourishing in daily life*. In: British Journal of Health Psychology, v. 20, n. 2, pp. 413-427, maio 2015. Disponível em: https://pubmed.ncbi.nlm.nih.gov/25080035/. Acesso em: 10 abr. 2023.

JENSEN, J. D. *Can worksite nutritional interventions improve productivity and firm profitability? A literature review*. In: Perspectives in Public Health, v. 131, n. 4, SAGE Journals, 03 ago. 2011. Disponível em: https://journals.sagepub.com/doi/10.1177/1757913911408263. Acesso em: 10 abr. 2023.

LIM, J.; DINGES, D. F. *Sleep deprivation and vigilant attention*. In: Annals of the New York Academy of Sciences. 28 jun. 2008. Disponível em: https://nyaspubs.onlinelibrary.wiley.com/doi/abs/10.1196/annals.1417.002. Acesso em: 10 abr. 2023.

PUIG-RIBERA, A. et al. *Impact of a workplace "sit less, move more" program on efficiency-related outcomes of office employees*. In: BMC Public Health, v. 17, n. 1, 16 maio 2017. Disponível em: https://pubmed.ncbi.nlm.nih.gov/28511642/. Acesso em: 10 abr. 2023.

Capítulo 7
THE MYERS-BRIGGS COMPANY. *Type and the always-on culture*: a research study from The Myers-Briggs Company. 2019. Disponível em: https://www.themyersbriggs.com/-/media/Myers-Briggs/Files/Resources-Hub-Files/Research/Type_and_the_always_on_culture.pdf. Acesso em: 10 abr. 2023.

Capítulo 8
KRONOS. *Time well spent? New survey explores the case for a 4-day work week*, 2018. Disponível em: https://www.kronos.com/blogs/working-smarter-cafe/time-well-spent-new-survey-explores-case-4-day-work-week. Acesso em: 06 dez. 2022.

MCKINSEY GLOBAL INSTITUTE. *The social economy: unlocking value and productivity through social technologies*, 01 jul. 2012. Disponível em: https://www.mckinsey.com/industries/technology-media-and-telecommunications/our-insights/the-social-economy. Acesso em: 10 abr. 2023.

VOUCHERCLOUD. *How many productive hours in a work day? Just 2 hours, 23 minutes...*, s.d. Disponível em: https://www.vouchercloud.com/resources/office-worker-productivity. Acesso em: 10 abr. 2023.

Capítulo 9
JONES, S. E. et al. *Genome-wide association analyses of chronotype in 697,828 individuals provides insights into circadian rhythms*. In: Nature Communications, v. 10, n. 343, 19 jan. 2019. Disponível em: https://www.nature.com/articles/s41467-018-08259-7?utm_medium=affiliate&utm_source=commission_junction&utm_campaign=3_nsn6445_deeplink_PID100090071&utm_content=deeplink. Acesso em: 10 abr. 2023.

VITATERNA, M. H.; TAKAHASHI, J. S.; TUREK, F. *Overview of circadian rhythms*. In: National Institute on Alcohol Abuse and Alcoholism, 2019. Disponível em: https://pubs.niaaa.nih.gov/publications/arh25-2/85-93.htm. Acesso em: 10 abr. 2023.

Capítulo 11
MCKINSEY & COMPANY. *Defining the skills citizens will need in the future world of work*, 2021. Disponível em: https://www.mckinsey.com/industries/public-and-social-sector/our-insights/defining-the-skills-citizens-will-need-in-the-future-world-of-work. Acesso em: 10 abr. 2023.

Capítulo 12
CHEN, P.; ELLSWORTH, P. C.; SCHWARZ, N. *Finding a fit or developing it: implicit theories about achieving passion for work*. In: Personality and Social Psychology Bulletin, v. 41, n. 10, 31 jul. 2015. Disponível em: https://journals.sagepub.com/doi/abs/10.1177/0146167215596988. Acesso em: 10 abr. 2023.

FLUXO. In: Wikipédia. Disponível em: https://pt.wikipedia.org/wiki/Fluxo_(psicologia). Acesso em: 10 abr. 2023.

JOBS, S. *"You've got to find what you love," Jobs says*. Discurso de abertura feito por Steve Jobs, CEO da Apple Computer e da Pixar Animation Studios, 12 jun. 2005. Disponível em: https://news.stanford.edu/2005/06/14/jobs-061505/. Acesso em: 10 abr. 2023.

Capítulo 13
ENNS, M. W.; COX, B.; CLARA, I. *Adaptive and maladaptive perfectionism: developmental origins and association with depression proneness*. In: Personality and Individual Differences, v. 33, n. 6, 19 out. 2002. Disponível em: https://www.sciencedirect.com/science/article/abs/pii/S0191886901002021

HARARI, D. et al. *Is perfect good? A meta-analysis of perfectionism in the workplace*. In: *Journal of Applied Psychology*, v. 103, n. 10, 2018. Disponível em: https://psycnet. apa.org/record/2018-27801-001. Acesso em: 10 abr. 2023.

Capítulo 14

EFEITO ZEIGARNIK. In: Wikipedia. Disponível em: https://en.wikipedia.org/wiki/ Zeigarnik_effect. Acesso em: 10 abr. 2023.

KLINGSIECK, K. B. *When good things don't come to those who wait*. In: *Open Science in Psychology*, v. 18, n. 1, 08 abr. 2013. Disponível em: https://econtent.hogrefe. com/doi/full/10.1027/1016-9040/a000138. Acesso em: 10 abr. 2023.

STEEL, P. *The nature of procrastination: a meta-analytic and theoretical review of quintessential self-regulatory failure*. In: *American Psychological Association*, v. 133, n. 1, pp. 65-94. 2007. Disponível em: https://psycnet.apa.org/ doiLanding?doi=10.1037%2F0033-2909.133.1.65. Acesso em: 10 abr. 2023.

Capítulo 16

ROSTER, C. A.; FERRAN, J. R. *Does work stress lead to office clutter, and how? Mediating influences of emotional exhaustion and indecision*. In: *Environment and Behavior*, v. 52, n. 9, 13 jan. 2019. Disponível em: https:// journals.sagepub.com/doi/abs/10.1177/0013916518823041?casa_ token=yQLToPTHinAAAAAA%3AMgAqBDvc_MlH7UAWMZqtKLy1ZP7Rtr_SF0c_ OnN2oPQuo89W5U8ucPHg6gjwShwy430Pj2tytLc&. Acesso em: 10 abr. 2023.

SANDER, E.; CAZA, A.; JORDAN, P. J. *Psychological perceptions matter: developing the reactions to the physical work environment scale*. In: *Building and Environment*, v. 148, n. 15, pp. 338-347. Disponível em: https://www.sciencedirect.com/science/ article/abs/pii/S0360132318307157. Acesso em: 10 abr. 2023.

HORGAN, T. G.; HERZOG, N. K.; DYSZLEWSKI, S. M. *Does your messy office make your mind look cluttered? Office appearance and perceivers' judgments about the owner's personality*. In: *Personality and Individual Differences*, v. 138, n. 1, pp. 370-379, fev. 2019. Disponível em: https://www.sciencedirect.com/science/article/abs/pii/ S019188691830549X. Acesso em: 10 abr. 2023.

VOHS, K. D.; REDDEN, J. P.; RAHINEL, R. *Physical order produces healthy choices, generosity, and conventionality, whereas disorder produces creativity*. In:

Psychological Science, 2013. Disponível em: https://journals.sagepub.com/doi/abs/10.1177/0956797613480186. Acesso em: 12 abr. 2023.

WEBSTER, M. *Bridging the information worker productivity gap: new challenges and opportunities for IT*. In: *White Paper, IDC Analyze the Future*, set. 2012. Disponível em: https://warekennis.nl/wp-content/uploads/2013/11/bridging-the-information-worker-productivity-gap.pdf. Acesso em: 10 abr. 2023.

Capítulo 18
POZEN, R. C.; DOWNEY, K. *What makes some people more productive than others*. In: *Harvard Business Review*, 28 mar. 2019. Disponível em: https://hbr.org/2019/03/what-makes-some-people-more-productive-than-others. Acesso em: 12 abr. 2023.

Capítulo 19
MCKINSEY GLOBAL INSTITUTE *The social economy: unlocking value and productivity through social technologies*. 01 jul. 2012. Disponível em: https://www.mckinsey.com/industries/technology-media-and-telecommunications/our-insights/the-social-economy#. Acesso em: 12 abr. 2023.

NARAGON, K. *We still love email, but we're spreading the love with other channels*. In: *Adobe Experience Cloud Blog*, 21 ago. 2018. Disponível em: https://blog.adobe.com/en/publish/2018/08/21/love-email-but-spreading-the-love-other-channels.html#gs.8gcle. Acesso em: 12 abr. 2023.

ROWLANDS, T. *The average worker has 651 unread emails in their inbox*. In: *Pure Property Finance*, 15 maio 2020. Disponível em: https://www.purepropertyfinance.co.uk/news/the-average-worker-has-651-unread-emails-in-their-inbox/. Acesso em: 12 abr. 2023.

SPICER, A. *How many work emails is too many?* In: *The Guardian*, 8 abr. 2019. Disponível em: https://www.theguardian.com/technology/shortcuts/2019/apr/08/how-many-work-emails-is-too-many. Acesso em: 12 abr. 2023.

UCI NEWS. *Jettisoning work email reduces stress*. 3 maio 2012. Disponível em: https://news.uci.edu/2012/05/03/jettisoning-work-email-reduces-stress/. Acesso em: 12 abr. 2023.

Capítulo 20
KC, D. S.; STAATS, B. R.; KOUCHAKI, M.; GINO, F. *Task selection and workload: a focus on completing easy tasks hurts performance*. In: *Harvard Business School*, 10 maio 2019. Disponível em: https://papers.ssrn.com/sol3/papers.cfm?abstract_id=2992588. Acesso em: 12 abr. 2023.

Capítulo 21
SCIENCE DAILY. *Dopamine: far more than just the "happy hormone"*. 31 ago. 2016. Disponível em: https://www.sciencedaily.com/releases/2016/08/160831085320.htm. Acesso em: 12 abr. 2023.

LEI DE PARKINSON. In: Wikipédia. Disponível em: https://pt.wikipedia.org/wiki/Lei_de_Parkinson. Acesso em: 12 abr. 2023.

Capítulo 22
FERRY, K. *Working or wasting time?*, 13 nov. 2019. Disponível em: https://www.kornferry.com/about-us//press/working-or-wasting-time. Acesso em: 13 abr. 2023.

MANKINS, M.; BRAHM, C.; CAIMI, G. *Your scarcest resource*. In: *Harvard Business Review*, maio 2014. Disponível em: https://hbr.org/2014/05/your-scarcest-resource. Acesso em: 14 abr. 2023.

ROGELBERG, S. G. Remote meetings. In: *MIT Sloan Management Review*, 21 maio 2020. Disponível em: https://sloanreview.mit.edu/article/the-surprising-science-behind-successful-remote-meetings/. Acesso em: 13 abr. 2023.

Capítulo 23
SORENSON, S. *How employees' strengths make your company stronger*. In: Gallup, s.d. Disponível em: https://www.gallup.com/workplace/231605/employees-strengths-company-stronger.aspx. Acesso em: 13 abr. 2023.

Capítulo 25
WALKER, S. E. *Journal writing as a teaching technique to promote reflection*. In: *Journal of Athletic Training*, v. 41, n. 2, p. 216-221, 2006. Disponível em: https://www.ncbi.nlm.nih.gov/pmc/articles/PMC1472640/. Acesso em: 13 abr. 2023.

Capítulo 26
FISHBACH, A.; KOO, M. *Dynamics of self-regulation: how (un)accomplished goal actions affect motivation*. In: *Journal of Personality and Social Psychology*, v. 94, n. 2, p. 183-195, 2008. Disponível em: https://psycnet.apa.org/record/2008-00466-001. Acesso em: 13 abr. 2023.

Capítulo 27
AMERICAN PSYCHOLOGICAL ASSOCIATION. *Multitasking undermines our efficiency, study suggests*. V. 32, n. 9, out. 2001. Disponível em: https://www.apa.org/monitor/oct01/multitask. Acesso em: 13 abr. 2023.

GORLICK, A. *Media multitaskers pay mental price, Stanford study shows*. In: *Stanford Report*, 24 ago. 2009. Disponível em: https://news.stanford.edu/2009/08/24/multitask-research-study-082409/. Acesso em: 13 abr. 2023.

SUNDEM, G. *This is your brain on multitasking*. In: *Psychology Today*, 24 fev. 2012. Disponível em: https://www.psychologytoday.com/us/blog/brain-trust/201202/is-your-brain-multitasking. Acesso em: 13 abr. 2023.

UNIVERSITY OF SUSSEX. *Brain scans reveal "gray matter" differences in media multitaskers*. 24 set. 2014. Disponível em: https://www.eurekalert.org/news-releases/467495. Acesso em: 13 abr. 2023.

Capítulo 28
ELISH, B. *Cell phone alerts may be driving you to distraction*. 09 jul. 2015. Disponível em: https://www.fsu.edu/indexTOFStory.html?lead.distraction. Acesso em: 13 abr. 2023.

SCREEN EDUCATION. *Screen Education's "Distraction & workplace safety" survey finds US employees distracted 2.5 hours each workday by digital content unrelated to their jobs*. 31 ago. 2020. Disponível em: https://www.prnewswire.com/news-releases/screen-educations-smartphone-distraction--workplace-safety-survey-finds-us-employees-distracted-2-5-hours-each-workday-by-digital-content-unrelated-to-their-jobs-301120969.html. Acesso em: 13 abr. 2023.

UT NEWS. *The mere presence of your smartphone reduces brain power, study shows*. 26 jun. 2017. Disponível em: https://news.utexas.edu/2017/06/26/the-mere-presence-of-your-smartphone-reduces-brain-power/. Acesso em: 13 abr. 2023.

WEINSCHENK, S. *Why we're all addicted to texts, Twitter and Google*. In: *Psychology Today*, 11 set. 2012. Disponível em: https://www.psychologytoday.com/gb/blog/brain-wise/201209/why-were-all-addicted-texts-twitter-and-google. Acesso em: 13 abr. 2023.

Capítulo 29
COWAN, N. *The magical mystery four: How is working memory capacity limited and why?* In: *Current Directions in Psychological Science*, v. 19, n. 1, pp. 51-57, 04 maio 2010. Disponível em: https://www.ncbi.nlm.nih.gov/pmc/articles/PMC2864034/. Acesso em: 13 abr. 2023.

DIAGRAMA DE GANTT. In: Wikipédia. Disponível em: https://pt.wikipedia.org/wiki/Diagrama_de_Gantt. Acesso em: 13 abr. 2023.

Capítulo 30
GOGGINS, R. W.; SPIELHOLZ, P.; NOTHSTEIN, G. *Estimating the effectiveness of ergonomics interventions through case studies: implications for predictive cost-benefit analysis*. In: *Journal of Safety Research*, v. 39, n. 3, pp. 339-344, 28 abr. 2008. Disponível em: https://pubmed.ncbi.nlm.nih.gov/18571576/. Acesso em: 13 abr. 2023.

Capítulo 31
GNEZY, A.; EPLEY, N. *Worth keeping but not exceeding: asymmetric consequences of breaking versus exceeding promises*. In: *Social Psychological and Personality Science*, 8 maio 2014. Disponível em: https://journals.sagepub.com/doi/abs/10.1177/1948550614533134. Acesso em: 13 abr. 2023.

Capítulo 32
AUBÉ, C.; ROUSSEAU, V.; TREMBLAY, S. *Team size and quality of group experience: the more the merrier?* In: *Group Dynamics: Theory, Research, and Practice*, v. 15, n. 4, pp. 357-375, dez. 2011. Disponível em: https://www.researchgate.net/publication/232519143_Team_Size_and_Quality_of_Group_Experience_The_More_the_Merrier. Acesso em: 13 abr. 2023.

HARVARD BUSINESS SCHOOL. *Great performances — the five keys to successful teams*. 15 jul. 2002. Disponível em: https://hbswk.hbs.edu/archive/leading-teams-setting-the-stage-for-great-performances-the-five-keys-to-successful-teams. Acesso em: 13 abr. 2023.

Capítulo 33
CRITÉRIOS SMART. In: Wikipédia. Disponível em: https://pt.wikipedia.org/wiki/Crit%C3%A9rio_SMART. Acesso em: 13 abr. 2023.

Capítulo 34
JOHN WHITMORE (automobilista). In: Wikipedia. Disponível em: https://en.wikipedia.org/wiki/John_Whitmore_(racing_driver). Acesso em: 13 abr. 2023.

Capítulo 36
Princípio de Pareto. In: Wikipédia. Disponível em: https://pt.wikipedia.org/wiki/Princ%C3%ADpio_de_Pareto. Acesso em: 13 abr. 2023.

Capítulo 37
ARIGA, A.; LLERAS, A. *Brief and rare mental "breaks" keep you focused: deactivation and reactivation of task goals preempt vigilance decrements.* In: *Cognition*, v. 118, n. 3, pp. 439-443, 05 jan. 2011. Disponível em: https://pubmed.ncbi.nlm.nih.gov/21211793/. Acesso em: 13 abr. 2023.

UDEMY. *Udemy In Depth: 2018 Workplace Distraction Report.* 2018. Disponível em: https://research.udemy.com/research_report/udemy-depth-2018-workplace-distraction-report/. Acesso em: 13 abr. 2023.

Capítulo 38
ACCENTURE. *Accenture research finds listening more difficult in today's digital workplace.* 26 fev. 2015. Disponível em: https://newsroom.accenture.com/industries/global-media-industry-analyst-relations/accenture-research-finds-listening-more-difficult-in-todays-digital-workplace.htm. Acesso em: 13 abr. 2023.

WISE, N. *Listening and its impact on productivity in the workplace.* In: *Journal of Psychology & Psychotherapy*, 19 set. 2018. Disponível em: https://www.longdom.org/proceedings/listening-and-its-impact-on-productivity-in-the-workplace-12954.html. Acesso em: 13 abr. 2023.

Capítulo 39
BROWN, V. R.; PAULS, P. B. *Making group brainstorming more effective: recommendations from an associative memory perspective.* In: *Current Directions in Psychological Science*, v. 11, n. 6, dez. 2002. Disponível em: https://journals.sagepub.com/doi/10.1111/1467-8721.00202. Acesso em: 13 abr. 2023.

Capítulo 40
HAMBRICK, D. et al. *Accounting for expert performance: the devil is in the details*. In: *Intelligence*, v. 45, jul.-ago. 2014, pp. 112-114. Disponível em: https://www.sciencedirect.com/science/article/abs/pii/S0160289614000087. Acesso em: 13 abr. 2023.

Capítulo 42
PEIFER, C. et al. *Well done! Effects of positive feedback on perceived self-efficacy, flow and performance in a mental arithmetic task*. In: *Frontiers in Psychology*, v. 11, 10 jun. 2020. Disponível em: https://www.frontiersin.org/articles/10.3389/fpsyg.2020.01008/full. Acesso em: 13 abr. 2023.

ZENGER, J.; FOLKMAN, J. *Overcoming feedback phobia: take the first step*. In: *Harvard Business Review*, 16 dez. 2013. Disponível em: https://hbr.org/2013/12/overcoming-feedback-phobia-take-the-first-step. Acesso em: 13 abr. 2023.

Capítulo 44
ELROD, H. *O milagre da manhã: o segredo para transformar sua vida (antes das 8 horas)*. Rio de Janeiro: BestSeller: 2016.

HYDE, M. *Making the most of the morning*, Amersleep, s.d. Disponível em: https://amerisleep.com/blog/making-the-most-of-the-morning/. Acesso em: 13 abr. 2023.

NOTA, J. A.; COLES, M. E. *Duration and timing of sleep are associated with repetitive negative thinking*. In: *Cognitive Therapy and Research*, v. 39, pp. 253-261, 04 dez. 2014. Disponível em: https://link.springer.com/article/10.1007/s10608-014-9651-7?wt_mc=Affiliate.CommissionJunction.3.EPR1089.DeepLink&utm_medium=affiliate&utm_source=commission_junction&utm_campaign=3_nsn6445_deeplink&utm_content=deeplink. Acesso em: 13 abr. 2023.

SOEHNER, A. M.; KENNEDY, K. S.; MONK, T. H. *Circadian preference and sleep-wake regularity: associations with self-report sleep parameters in daytime-working adults*. In: *Chronobiology International*, v. 28, n. 9, pp. 802-809, nov. 2011. Disponível em: https://pubmed.ncbi.nlm.nih.gov/22080786/. Acesso em: 13 abr. 2023.

Capítulo 46
DOODLE. *The state of meetings 2019*, 2019. Disponível em: https://doodle.com/en/resources/research-and-reports-/the-state-of-meetings-2019/. Acesso em: 13 abr. 2023.

HALF, R. *Meeting of the minds: workers and executives dread wasted time, disengagement*. 31 jul. 2018. Disponível em: https://rh-us.mediaroom.com/2018-07-31-Meeting-Of-The-Minds-Workers-And-Executives-Dread-Wasted-Time-Disengagement. Acesso em: 13 abr. 2023.

Capítulo 47
HALF, R. *Time spent (and wasted) in meetings*. 2018. Disponível em: https://www.roberthalf.com/blog/management-tips/time-spent-and-wasted-in-meetings. Acesso em: 13 abr. 2023.

UNIVERSIDADE DE ILLINOIS EM URBANA-CHAMPAIGN. *Brief diversions vastly improve focus, researchers find*. In: *Science Daily*, 08 fev. 2011. Disponível em: https://www.sciencedaily.com/releases/2011/02/110208131529.htm. Acesso em: 13 abr. 2023.

Capítulo 48
GALLUP. *Employee burnout, part 1: the 5 main causes*. 12 jul. 2018. Disponível em: https://www.gallup.com/workplace/237059/employee-burnout-part-main-causes.aspx. Acesso em: 13 abr. 2023.

Capítulo 49
GETTING THINGS DONE. In: Wikipédia. Disponível em: https://pt.wikipedia.org/wiki/Getting_Things_Done. Acesso em: 13 abr. 2023.

Capítulo 50
BRYCE, A. M. *Weekend working in 21st century Britain: does it matter for wellbeing?* In: *Sheffield Economic Research Series, University of Sheffield*, 2019. Disponível em: https://www.sheffield.ac.uk/media/3802/download. Acesso em: 13 abr. 2023.

WESTON, G. et al. *Long work hours, weekend working and depressive symptoms in men and women: findings from a UK population-based study*. In: *Journal of Epidemiology and Community Health*, v. 73, n. 5, pp. 465-474, maio 2019. Disponível em: https://www.ncbi.nlm.nih.gov/pmc/articles/PMC6581113/. Acesso em: 13 abr. 2023.

Capítulo 51
ASANA. *Anatomy of work index: how people spend their time at work*. s.d. Disponível em: https://resources.asana.com/rs/784-XZD-582/images/Anatomy-of-Work-Index.pdf. Acesso em: 13 abr. 2023.

Capítulo 54

ALLEN, J. G. *Research: Stale office air is making you less productive*. In: *Harvard Business Review*, 21 mar. 2017. Disponível em: https://hbr.org/2017/03/research-stale-office-air-is-making-you-less-productive. Acesso em: 13 abr. 2023.

SCHLEY, A. *Interface study reveals impact of noise on workplace productivity*. 14 maio 2019. Disponível em: https://iands.design/articles/32955/interface-study-reveals-impact-noise-workplace-productivity. Acesso em: 13 abr. 2023.

SEPPANEN, O.; FISK, W. J.; FAULKNER, D. *Cost benefit analysis of the night-time ventilative cooling in office building*. In: US Department Of Energy Office Of Scientific And Technical Information. 01 jun. 2003. Disponível em: https://www.osti.gov/servlets/purl/813396. Acesso em: 13 abr. 2023.

SILVESTER, J.; KONSTANTINOU, E. *Lighting, well-being and performance at work*. In: Centre for Performance at Work, s.d. Disponível em: https://www.bayes.city.ac.uk/__data/assets/pdf_file/0004/363217/lighting-work-performance-cass.pdf. Acesso em: 13 abr. 2023.

Capítulo 56

SMITH, C. et al. *Accenture Future of Work Study 2021*. Accenture, 2021. Disponível em: https://www.accenture.com/us-en/insights/consulting/future-work?c=acn_glb_talentandorganimediarelations_12163686&n=mrl_0521. Acesso em: 13 abr. 2023.

THE ADECCO GROUP. *Resetting normal: defining the new era of work 2021*. Disponível em: https://www.adeccogroup.com/future-of-work/latest-research/resetting-normal-2021/#download-the-global-report. Acesso em: 13 abr. 2023.

Capítulo 57

BLODGET, H. *Warren Buffett and Bill Gates explain how to make $100 billion...* In: *Insider*, 15 nov. 2003. Disponível em: https://www.businessinsider.com/henry-blodget-warren-buffett-and-bill-gates-on-cnbc-2009-11?op=1&r=US&IR=T#why-did-you-buy-burlington-northern-1. Acesso em: 13 abr. 2023.

COLEMAN, A. *Why mentors can be the making of entrepreneurs like Branson*. In: *Forbes*, 10 abr. 2016. Disponível em: https://www.forbes.com/sites/alisoncoleman/2016/04/10/why-mentors-can-be-the-making-of-entrepreneurs-like-branson/?sh=5bdfd3c51778. Acesso em: 13 abr. 2023.

EMCC GLOBAL. *Definition of mentoring*. s.d. Disponível em: https://www.emccglobal.org/leadership-development/leadership-development-mentoring/. Acesso em: 13 abr. 2023.

Capítulo 59
CURVA DO ESQUECIMENTO. In: Wikipédia. Disponível em: https://pt.wikipedia.org/wiki/Curva_do_esquecimento. Acesso em: 13 abr. 2023.

HERTEL, G. *Why forgetting at work can be a good thing*. In: Site da Universidade de Münster, s.d. Disponível em: https://www.uni-muenster.de/news/view.php?cmdid=10075&lang=en. Acesso em: 13 abr. 2023.

Capítulo 61
BRITISH HEART FOUNDATION. *Are you sitting too much?* s.d. Disponível em: https://www.bhf.org.uk/informationsupport/heart-matters-magazine/activity/sitting-down. Acesso em: 13 abr. 2023.

CREASY, S. A. et al. *Energy expenditure during acute periods of sitting, standing, and walking*. In: *Journal of Physical Activity and Health*, v. 13, n. 6, 2016. Disponível em: https://pubmed.ncbi.nlm.nih.gov/26693809/. Acesso em: 13 abr. 2023.

EDWARDSON, C. et al. *Effectiveness of the Stand More AT (SMArT) Work intervention: cluster randomised controlled trial*. In: *British Medical Journal*, v. 363, 2018. Disponível em: https://www.bmj.com/content/363/bmj.k3870. Acesso em: 13 abr. 2023.

GARRETT, G. et al. *Call center productivity over 6 months following a standing desk intervention*. In: *IIE Transactions on Occupational Ergonomics and Human Factors*, v. 4, n. 2-3, pp. 188-195, 01 jul. 2016. Disponível em: https://www.tandfonline.com/doi/abs/10.1080/21577323.2016.1183534?journalCode=uehf20. Acesso em: 13 abr. 2023.

KNIGHT, A. P.; BAER, M. *Get up, stand up: The effects of a non-sedentary workspace on information elaboration and group performance*. In: *Social Psychological and Personality Science*, 12 jun. 2014. Disponível em: https://journals.sagepub.com/doi/abs/10.1177/1948550614538463. Acesso em: 13 abr. 2023.

Capítulo 62
BREGMAN, R. *A growing number of people think their job is useless. Time to rethink the meaning of work*. World Economic Forum, 2017. Disponível em: https://www.

weforum.org/agenda/2017/04/why-its-time-to-rethink-the-meaning-of-work/. Acesso em: 13 abr. 2023.

DAHLGREEN, W. *More than a third of British workers say their job is making no meaningful contribution to the world — but most of them aren't looking for another one*. YouGov, 12 ago. 2015. Disponível em: https://yougov.co.uk/topics/lifestyle/articles-reports/2015/08/12/british-jobs-meaningless. Acesso em: 13 abr. 2023.

DOSTOIÉVSKI, F. In: GoodReads. Disponível em: https://www.goodreads.com/quotes/6715871-if-one-wanted-to-crush-and-destroy-a-man-entirely. Acesso em: 13 abr. 2023.

Capítulo 63
PENCAVEL, J. *The productivity of working hours*. Discussion Paper, IZA, 2014. Disponível em: https://ftp.iza.org/dp8129.pdf. Acesso em: 13 abr. 2023.

REID, E. *Why some men pretend to work 80-hour weeks*. In: *Harvard Business Review*, 28 abr. 2015. Disponível em: https://hbr.org/2015/04/why-some-men-pretend-to-work-80-hour-weeks. Acesso em: 13 abr. 2023.

SHANGGUAN, R. *Enhancing team productivity through shorter working hours: Evidence from the Great Recession*. In: Research Institute of Economy, Trade and Industry, Research Project, 2021. Disponível em: https://www.rieti.go.jp/en/publications/summary/21050007.html. Acesso em: 13 abr. 2023.

Capítulo 65
MOLLOY, F. *Top 10 employability skills*. In: *Careers with STEM*, 2018. Disponível em: https://careerswithstem.com.au/employability-skills/. Acesso em: 13 abr. 2023.

READY, B. Communication skills most valued by employers. In: MBA news, 2017. Disponível em: https://www.mbanews.com.au/communication-skills-valued-employers/. Acesso em: 13 abr. 2023.

SOLOMON, L. Two-thirds of managers are uncomfortable communicating with employees. In: Harvard Business Review, 9 mar. 2016. Disponível em: https://hbr.org/2016/03/two-thirds-of-managers-are-uncomfortable-communicating-with-employees?zd_source=hrt&zd_campaign=3731&zd_term=vartikakashyap. Acesso em: 13 abr. 2023.

Capítulo 66
AMABILE, T. M.; KRAMER, S. J. *The power of small wins*. In: *Harvard Business Review*, maio 2011. Disponível em: https://hbr.org/2011/05/the-power-of-small-wins. Acesso em: 13 abr. 2023.

Capítulo 67
CAL NEWPORT. In: Wikipedia. Disponível em: https://en.wikipedia.org/wiki/Cal_Newport. Acesso em: 13 abr. 2023.

Capítulo 68
CUMBERLAND, N. *100 coisas que pessoas de sucesso fazem*. Bauru: Astral Cultural, 2021.

OS CINCO ESTÁGIOS do luto. In: Wikipédia. Disponível em: https://pt.wikipedia.org/wiki/Modelo_de_K%C3%BCbler-Ross. Acesso em: 13 abr. 2023.

Capítulo 71
AHMADI, S. *Stretch goals can have negative outcomes*. In: *RSM*, 2020. Disponível em: https://discovery.rsm.nl/articles/419-stretch-goals-can-have-negative-outcomes/. Acesso em: 13 abr. 2023.

GARY, M. S. et al. (2017). 'Performance', disponível em: https://pubson-line.informs.org/doi/10.1287/orsc.2017.1131

Capítulo 72
SPEED, M. *Tony Robbins on how to achieve the extraordinary*. In: *Success*, 4 jan, 2015. Disponível em: https://www.success.com/tony-robbins-on-how-to-achieve-the-extraordinary/. Acesso em: 13 abr. 2023.

WARD, M. *Warren Buffett's reading routine could make you smarter, science suggests*. In: *Make It*, 16 nov. 2016. Disponível em: https://www.cnbc.com/2016/11/16/warren-buffetts-reading-routine-could-make-you-smarter-suggests-science.html. Acesso em: 13 abr. 2023.

WEBSTER, M. *Bridging the information worker productivity gap: New challenges and opportunities for IT*. In: *IDC Analyze the Future*, set. 2012. Disponível em: https://warekennis.nl/wp-content/uploads/2013/11/bridging-the-information-worker-productivity-gap.pdf. Acesso em: 13 abr. 2023.

Capítulo 75

BHATTACHARYA, S.; SALEEM, S.; SINGH, A. *Digital eye strain in the era of COVID-19 pandemic*. In: *Indian Journal of Ophthalmology*, v. 68, n. 8, 2020. Disponível em: https://journals.lww.com/ijo/fulltext/2020/68080/digital_eye_strain_in_the_era_of_covid_19.69.aspx. Acesso em: 13 abr. 2023.

CHANG, A.-M. et al. *Evening use of light-emitting eReaders negatively affects sleep, circadian timing and next-morning alertness*. In: *Proceedings of the National Academy of Sciences*, 2014. Disponível em: https://www.pnas.org/content/pnas/112/4/1232.full.pdf. Acesso em: 13 abr. 2023.

SHENSA, A. et al. *Social media use and depression and anxiety symptoms: A cluster analysis*. In: *American Journal of Health Behavior*, v. 42, n. 2, 2018. Disponível em: https://www.ingentaconnect.com/content/png/ajhb/2018/00000042/00000002/art00011;jsessionid=gjg11c3s051h3.x-ic-live-01. Acesso em: 13 abr. 2023.

Capítulo 76

RUBINSTEIN, J. S.; MEYER, D. E.; EVANS, J. *Executive control of cognitive processes in task switching*. In: *Journal of Experimental Psychology: Human Perception and Performance*, v. 27, n. 4, 2001. Disponível em: https://psycnet.apa.org/record/2001-07721-001. Acesso em: 13 abr. 2023.

Capítulo 78

PHAM, L. B.; TAYLOR, S. E. *From thought to action: Effects of process- versus outcome-based mental simulations on performance*. In: *Personality and Social Psychology Bulletin*, v. 25, n. 2, 1999. Disponível em: https://psycnet.apa.org/record/1999-00580-010. Acesso em: 13 abr. 2023.

Capítulo 79

MEL ROBBINS. In: Wikipedia. Disponível em: https://en.wikipedia.org/wiki/Mel_Robbins. Acesso em: 13 abr. 2023.

Capítulo 80

UNIVERSITY OF SHEFFIELD. *Does monitoring goal progress promote goal attainment? A meta-analysis of the experimental evidence*. In: *Psychological Bulletin*, v. 142, n. 2, 2016. Disponível em: https://www.apa.org/pubs/journals/releases/bul-bul0000025.pdf. Acesso em: 13 abr. 2023.

Capítulo 82

ANDREASSEN, C. S. et al. *The prevalence of workaholism: A survey study in a nationally representative sample of Norwegian employees*. In: PLOS ONE, 13 ago. 2014. Disponível em: https://journals.plos.org/plosone/article?id=10.1371/journal.pone.0102446. Acesso em: 13 abr. 2023.

ANDREASSEN, C. S. et al. *Development of a work addiction scale*. In: *Scandinavian Journal of Psychology*, v. 53, n. 3, 2012. Disponível em: https://www.researchgate.net/publication/223971523_Development_of_a_work_addiction_scale. Acesso em: 13 abr. 2023.

SHARP, R. *Work addiction risk test*. In: *Occupational Medicine*, v. 56, n. 4, 2016. Disponível em: https://academic.oup.com/occmed/article/66/4/341/1752189. Acesso em: 13 abr. 2023.

SMALL, T. *Almost half of Americans consider themselves "workaholics"*. In: *New York Post*, 01 fev. 2019. Disponível em: https://nypost.com/2019/02/01/almost-half-of-americans-consider-themselves-workaholics/. Acesso em: 13 abr. 2023.

Capítulo 84

BINDER, C. *The Six Boxes TM: A descendent of Gilbert's Behavior Engineering Model*. s.d. Disponível em: https://www.sixboxes.com/_customelements/uploadedResources/SixBoxes.pdf. Acesso em: 13 abr. 2023.

Capítulo 85

AI PREDICTIONS 2021. In: *PwC*. Disponível em: https://www.pwc.com/us/en/tech-effect/ai-analytics/ai-predictions.html. Acesso em: 13 abr. 2023.

BRYNJOLFSSON, E.; MITCHELL, T.; ROCK, D. *What can machines learn, and what does it mean for occupations and the economy?* In: AEA Papers and Proceedings 108, American Economic Association, 2018. Disponível em: https://www.aeaweb.org/articles?id=10.1257/pandp.20181019. Acesso em: 13 abr. 2023.

RELIHAN, T. *Machine learning will redesign, not replace, work*. In: *MIT Management*, 26 jun. 2018. Disponível em: https://mitsloan.mit.edu/ideas-made-to-matter/machine-learning-will-redesign-not-replace-work. Acesso em: 13 abr. 2023.

Capítulo 86

BAKKER, A. B. et al. *Job crafting and playful work design: Links with performance during busy and quiet days*. In: *Journal of Vocational Behavior* 122, 2020. Disponível em: https://www.researchgate.net/publication/343811272_Job_crafting_and_

playful_work_design_Links_with_performance_during_busy_and_quiet_days. Acesso em: 13 abr. 2023.

PETELCZYC, C. A.; CAPEZIO, A.; WANT, L. *Play at work: An integrative review and agenda for future research*. In: *Journal of Management*, 26 set. 2017. Disponível em: https://journals.sagepub.com/doi/abs/10.1177/0149206317731519. Acesso em: 13 abr. 2023.

SCROY, D. *Happiness and productivity: Understanding the happy-productive worker*. In: Social Market Foundation, 2015. Disponível em: https://www.ciphr.com/wp-content/uploads/2016/11/Social-Market-Foundation-Publication-Briefing-CAGE-4-Are-happy-workers-more-productive-281015.pdf. Acesso em: 13 abr. 2023.

Capítulo 90
BIRKINSHAW, J.; COHEN, J.; STACH, P. *Research: Knowledge workers are more productive from home*. In: *Harvard Business Review*, 31 ago. 2020. Disponível em: https://hbr.org/2020/08/research-knowledge-workers-are-more-productive-from-home. Acesso em: 13 abr. 2023.

KIRSTE, I. et al. *Is silence golden? Effects of auditory stimuli and their absence on adult hippocampal neurogenesis*. In: *Brain Structure and Function* 220, 2013. Disponível em: https://link.springer.com/article/10.1007%2Fs00429-013-0679-3. Acesso em: 13 abr. 2023.

RADUN, J. et al. *Speech is special: The stress effects of speech, noise, and silence during tasks requiring concentration*. In: *Indoor Air*, v. 31, n. 1, 2021. Disponível em: https://pubmed.ncbi.nlm.nih.gov/32805749/. Acesso em: 13 abr. 2023.

SCIENCE DAILY. *Working alone may be the key to better productivity, new research suggests*. University of Calgary, 2008. Disponível em: https://www.sciencedaily.com/releases/2008/02/080220110323.htm. Acesso em: 13 abr. 2023.

Capítulo 92
BUSINESSNEWSWALES. *Barclays finds the SME lightbulb moment most common at 2.33am*. 2019. Disponível em: https://businessnewswales.com/barclays-finds-the-sme-lightbulb-moment-most-common-at-2-33am/. Acesso em: 13 abr. 2023.

Capítulo 93
DAVID MCCLELLAND. In: Wikipedia. Disponível em: https://en.wikipedia.org/wiki/David_McClelland. Acesso em: 13 abr. 2023.

SHEA, C. T.; DAVISSON, E. K.; FITZSIMONS, G. M. *Riding other people's coattails: Individuals with low self-control value self-control in other people*. In: *Psychological Science*, 4 abr. 2013. Disponível em: https://journals.sagepub.com/doi/abs/10.1177/0956797612464890?journalCode=pssa. Acesso em: 13 abr. 2023.

Capítulo 94
CARR, P. B.; WALTON, G. M. *Cues of working together fuel intrinsic motivation*. In: *Journal of Experimental Social Psychology*, v. 53, 2014. Disponível em: https://www.sciencedirect.com/science/article/abs/pii/S0022103114000420?via%3Dihub. Acesso em: 13 abr. 2023.

Capítulo 95
MEHRABIAN, A. Disponível em: https://www.psych.ucla.edu/faculty-page/mehrab/. Acesso em: 13 abr. 2023.

ROGHANIZAD, M. M.; BOHNS, V. K. *Ask in person: You're less persuasive than you think over email*. In: *Journal of Experimental Social Psychology*, v. 69, 2019. Disponível em: https://www.sciencedirect.com/science/article/abs/pii/S002210311630292X. Acesso em: 13 abr. 2023.

SCIENCE DAILY. *Phone calls create stronger bonds than text-based communications*. University of Texas at Austin, 11 set. 2020. Disponível em: https://www.sciencedaily.com/releases/2020/09/200911141713.htm. Acesso em: 13 abr. 2023.

SNOWDEN, B. *A third of adults have fallen out with someone after misreading text messages, according to research*. s.d. Disponível em: https://www.thefreelibrary.com/Brits+falling+out+after+misreading+text+messages+and+spend+hours...-a0676421592. Acesso em: 13 abr. 2023.

Capítulo 97
AMERICAN PSYCHOLOGICAL ASSOCIATION. *Does monitoring goal progress promote goal attainment? A meta-analysis of the experimental evidence*. In: *Psychological Bulletin*, v. 142, n. 2, 2016. Disponível em: https://www.apa.org/pubs/journals/releases/bul-bul0000025.pdf. Acesso em: 13 abr. 2023.

KLEIN, H. J. et al. *When goals are known: The effects of audience relative status on goal commitment and performance*. In: *Journal of Applied Psychology*, v. 105, n. 4, 2019. Disponível em: https://psycnet.apa.org/record/2019-45131-001. Acesso em: 13 abr. 2023.

Primeira edição (junho/2023) Primeira reimpressão
Papel de miolo Ivory Bulk 1.8 58g
Tipografias New Aster LT Std, Nexa Light e Chaparral Pro
Gráfica LIS